MODELAGEM DA ORGANIZAÇÃO

Autores

Fábio Müller Guerrini: Professor associado do departamento de Engenharia de Produção da EESC-USP, atua na área de modelagem de redes dinâmicas. Ministra na graduação a disciplina Modelagem da Organização para o curso de Bacharelado em Sistemas de Informação.

Edmundo Escrivão Filho: Professor associado do departamento de Engenharia de Produção da EESC-USP, atua na área de planejamento estratégico na pequena empresa. Ministra na graduação a disciplina Evolução do Pensamento Administrativo para o curso de Engenharia de Produção.

Edson Walmir Cazarini: Professor doutor do departamento de Engenharia de Produção da EESC-USP, atua na área de modelagem organizacional. Ministra a disciplina de graduação Sistemas de Apoio à Decisão para o curso de Engenharia de Produção.

Sílvia Inês Dallavalle de Pádua: Professora doutora da FEARP-USP, atua na área de gestão por processos (BPM- *Business Process Management*) e alinhamento entre tecnologia e negócios. Ministra as disciplinas de graduação Mapeamento de Processos e Sistemas Integrados de Gestão, Sistemas de Apoio à Tomada de Decisão no curso de Administração.

M689	Modelagem da organização : uma visão integrada/ Fábio Müller Guerrini ... [et al.]. – Porto Alegre : Bookman, 2014. x, 128 p. : il. ; 25 cm.
	ISBN 978-85-8260-105-1
	1. Administração. 2. Organização – Modelagem. I. Guerrini, Fábio Müller.
	CDU 658

Catalogação na Publicação: Ana Paula M. Magnus – CRB 10/2052

fábio müller GUERRINI
edmundo ESCRIVÃO filho
edson walmir CAZARINI
sílvia inês dallavalle de PÁDUA

MODELAGEM DA ORGANIZAÇÃO

UMA VISÃO INTEGRADA

2014

© 2014, Bookman Editora

Gerente editorial: *Arysinha Jacques Affonso*

Colaboraram nesta edição:

Capa: *Márcio Monticelli*
Imagem da capa: ©*shutterstock.com / Fransys, Blue 3d futuristic cube abstraction*

Preparação de originais: *Suzana de Azeredo Gonçalves*

Editoração: *Techbooks*

Reservados todos os direitos de publicação, em língua portuguesa, à
BOOKMAN EDITORA LTDA., uma empresa do GRUPO A EDUCAÇÃO S.A.
Av. Jerônimo de Ornelas, 670 – Santana
90040-340 – Porto Alegre – RS
Fone: (51) 3027-7000   Fax: (51) 3027-7070

É proibida a duplicação ou reprodução deste volume, no todo ou em parte, sob quaisquer formas ou por quaisquer meios (eletrônico, mecânico, gravação, fotocópia, distribuição na Web e outros), sem permissão expressa da Editora.

Unidade São Paulo
Av. Embaixador Macedo Soares, 10.735 – Pavilhão 5 – Cond. Espace Center
Vila Anastácio – 05095-035 – São Paulo – SP
Fone: (11) 3665-1100   Fax: (11) 3667-1333

SAC 0800 703-3444 – www.grupoa.com.br

IMPRESSO NO BRASIL
PRINTED IN BRAZIL

Introdução

Este livro é o resultado de vários anos de experiências didáticas realizadas no âmbito das disciplinas da área de administração para diferentes cursos: Administração de Empresas, Engenharia Elétrica, Engenharia Civil, Engenharia Mecânica, Engenharia da Computação, Engenharia de Produção e Bacharelado em Sistemas de Informação. A experiência de ministrar os conteúdos de administração geral para diferentes cursos mostrou que a forma de apresentá-los é fortemente influenciada pelo perfil do aluno.

Certa vez um aluno disse para um professor que o problema da disciplina de administração era que só utilizava textos muito antigos e desatualizados. O professor recebeu essa crítica por meio de um sistema de avaliação instituído pelos alunos com a intenção de melhorar a qualidade das aulas ministradas pelo departamento.

O professor a princípio ficou sem entender a crítica, pois a que textos o aluno estaria se referindo? Depois de pensar sobre o assunto, ele percebeu que eram os textos de Frederick Taylor, Henri Fayol, Elton Mayo dentre outros utilizados como material para leitura.

Este livro, de certa forma, procura esclarecer esse tipo de questionamento.

Para um professor é evidente que o conhecimento da evolução do pensamento administrativo é importante para verificar como as teorias são cíclicas, com foco mais direcionado para medidas de produtividade e na racionalidade científica (movimento clássico), com foco para a interação entre os trabalhadores (movimento das relações humanas); com uma abordagem mais sistêmica, a considerar aspectos comportamentais (movimento estruturalista sistêmico), ou demonstrando como a tecnologia influencia o ambiente (movimento da contingência). Há, portanto, uma oscilação entre a racionalidade científica e a racionalidade social.

O aluno, no entanto, como não tem cultura prévia sobre o assunto, compara com a realidade que conhece. Como ele não encontra uma correspondência direta (e, principalmente, imediata) entre o mundo real e a teoria, a sua posição pode ser a de procurar desqualificar os autores clássicos.

A primeira questão que o livro procura abordar é demonstrar como a Teoria das Organizações pode ser utilizada para compreender a realidade e, a partir daí, desenvolver modelos que permitam representá-la.

O pensamento administrativo recebeu contribuições de diferentes áreas de conhecimento. A engenharia foi a vertente principal do movimento clássico; a psicologia, do movimento das relações humanas; a psicologia industrial e a sociologia, do movimento do estruturalismo sistêmico; e a administração, do movimento da contingência.

A partir dos anos de 1990, a contribuição da Ciência da Computação na realidade das empresas mudou a forma como as informações circulam dos níveis hierárquicos mais altos até o chão de fábrica. Como consequência, houve um achatamento dos níveis hierárquicos, diminuição de barreiras organizacionais e processos de reestruturação industrial e o início da visão baseada em processos de negócio.

Entretanto, há um descompasso conceitual que não explora adequadamente o potencial da tecnologia de informação e comunicação na gestão das empresas. Muitas empresas informatizaram processos executados manualmente, sem vislumbrar as possibilidades oferecidas pelas tecnologias de informação e comunicação.

A segunda questão que o livro pretende abordar é como transformar o conhecimento tácito (desenvolvido na prática) em conhecimento explícito (que é sistematizado e pode ser reutilizado).

A modelagem organizacional permite documentar os processos administrativos da empresa de forma sistemática sob diferentes domínios de conhecimento e compreender a relação entre as diferentes perspectivas do processo decisório da organização.

A modelagem organizacional materializa o projeto da organização a partir de uma visão sistêmica da empresa, onde os objetivos organizacionais são definidos pelos atores responsáveis pelos processos. Os atores utilizam recursos e definem as regras de negócio que apoiam a execução dos objetivos e disparam os processos. O conjunto desses elementos integrados permite a captura de requisitos organizacionais para o desenvolvimento de sistemas de informação.

Essa é a terceira questão que o livro se propõe a abordar: como desenvolver um projeto organizacional que permita capturar os requisitos organizacionais para sistemas de informação que efetivamente estejam alinhados com a gestão da empresa?

Considerando essas questões, percebemos que o livro deveria contemplar essas diferentes abordagens no contexto da formação profissional do aluno. Este livro nasceu de uma inquietude sobre como a Teoria das Organizações deveria ser abordada no contexto da tecnologia de informação. Há livros que tratam a Teoria das Organizações e livros que tratam de modelagem organizacional.

Entretanto, a proposta deste livro é tratá-los de forma integrada, evidenciando a vinculação entre a teoria e a modelagem organizacional. Adotou-se a metodologia *Enterprise Knowledge Development* (EKD) para a modelagem organizacional, pois envolve a gestão de conhecimento e a captura de requisitos organizacionais para sistemas de informação e prescinde da utilização de *softwares* específicos para a modelagem.

A proposta é tratar a Teoria das Organizações como uma forma de compreender os seus limites e pressupostos a partir da tecnologia de informação, utilizando a modelagem organizacional como meio.

O Capítulo 1, Fundamentos da Organização, aborda a organização burocrática e a evolução do pensamento administrativo (movimento clássico, movimento de relações humanas, movimento estruturalista sistêmico e movimento da contingência).

O Capítulo 2, Modelagem Organizacional, aborda as metodologias e técnicas de modelagem organizacional, agrupadas sob a visão de teoria de sistemas, integração de empresas e gestão do conhecimento.

Nos capítulos seguintes, procura-se traçar um paralelo entre a Teoria das Organizações e a aplicação da metodologia Enterprise Knowledge Development

(EKD). Ao final de cada capítulo, apresenta-se um estudo de caso modelado com a metodologia EKD.

O Capítulo 3, Processos de Negócio, aborda a complementaridade entre a visão hierárquica e a visão por processos como fundamentação para o modelo de processos de negócio do EKD.

O Capítulo 4, Atores e Recursos na Perspectiva da Estrutura Organizacional, aborda as características e o projeto da estrutura organizacional, aprofundando-se na gestão por competências, como fundamentação para o modelo de atores e recursos do EKD.

O Capítulo 5, Objetivos Organizacionais, aborda o processo tradicional de planejamento, o conceito de administração por objetivos e a formulação de objetivos, como fundamentação para o modelo de objetivos do EKD.

O Capítulo 6, Regras de Negócio, aborda a definição de requisitos e a relação entre as regras de negócio e a organização como fundamentação para o modelo de regras de negócio do EKD.

O Capítulo 7, Tecnologia e Captura de Requisitos Organizacionais para Sistemas de Informação, aborda o papel da tecnologia na gestão das empresas, as noções de tecnologia, a captura de requisitos organizacionais como fundamentação para o modelo de componentes e requisitos técnicos do EKD.

O Apêndice aborda o modelo de conceitos da metodologia EKD que visa a identificar e garantir uma compreensão comum dos conceitos utilizados para a modelagem organizacional. A elaboração do modelo de conceitos verifica a coerência e consistência entre os demais modelos.

Nas organizações a grande questão é como documentar, sistematizar e gerir o conhecimento na transformação do conhecimento tácito (desenvolvido na prática) para o conhecimento explícito (sistematizado que pode ser reutilizado). A síntese da proposta desse livro é utilizar a Teoria das Organizações e a modelagem organizacional para viabilizar a captura de requisitos organizacionais no desenvolvimento de sistemas de informação.

Sumário

1 Fundamentos da organização.......................... 1

2 Modelagem organizacional............................ 23

3 Processos de negócio 45

4 Atores e recursos na perspectiva das estruturas organizacionais... 59

5 Objetivos organizacionais............................ 81

6 Regras de negócio................................... 93

7 Tecnologia e captura de requisitos organizacionais
   para sistemas de informação....................... 105

   Apêndice... 119

   Referências....................................... 121

1
Fundamentos da organização

A organização surgiu de uma conjunção de ideias e conceitos que vieram de diferentes áreas do conhecimento. Se já existiam algumas tentativas isoladas de mobilizar uma quantidade considerável de recursos para a produção de um determinado bem ainda no século XVII, o percurso até chegar ao arquétipo da organização foi longo.

Na medida em que as fábricas cresciam não era mais possível controlar o trabalho na base do contato visual, era preciso inventar meios formais de fazer isso.

Um sociólogo alemão chamado Max Weber observou a dinâmica de mudanças da sociedade em fins do século XIX. Max Weber começou a notar que o indivíduo estava delegando várias atividades que antes ele desempenhava para que outros as fizessem. Se até então, as famílias se alimentavam do que produziam, se vestiam com o que costuravam, isso estava mudando rapidamente.

Veja, por exemplo, como as pessoas viviam no início do século XX e como nós vivemos hoje. As pessoas que vivem nas cidades têm horta, galinha e pés de fruta no seu quintal? Para fazer macarrão, o indivíduo planta o trigo, transforma-o em farinha, adiciona os ovos que a sua galinha botou, faz a massa e em seguida passa na máquina para cortá-lo em tirinhas? Se experimentarmos passar uma semana tentando viver da forma como as pessoas viviam em 1900, acabaríamos tendo que acordar com o primeiro cantar do galo e ir dormir com a chegada da noite.

E Max Weber estava atento a todo esse admirável mundo novo que surgia perante os seus olhos e ao mesmo tempo preocupado. Era necessário formalizar as relações de trabalho e as necessidades de produção nas empresas industriais. A ideia era aumentar a eficiência da organização. E daí provavelmente deriva a noção de organização, como uma mobilização de recursos para atingir um determinado objetivo. Weber definiu a burocracia como um tipo ideal de organização a partir da abstração de suas características.

Com Weber, inicia-se a teorização da organização burocrática racional que é a organização regida por regras e princípios do racionalismo, mesmo que a racionalidade das organizações seja uma racionalidade limitada, conforme Simon formulou posteriormente. Mas foi a organização burocrática que estabeleceu princípios que viabilizaram a moderna empresa industrial.

De acordo com Chandler (1996), o primeiro passo para a criação da moderna empresa industrial foi o investimento em um complexo de produção suficientemente grande para obter vantagens de custos em função da escala e do escopo.

Um exemplo dessa etapa foi a Standard Oil do empresário John D. Rockfeller. Ele iniciou a sua empresa com a aquisição de uma refinaria de petróleo. Conseguiu comprar a parte do seu sócio no negócio em 1865 e, em 1880, após adquirir vários concorrentes, a empresa controlava 90% das refinarias americanas. Com isso, conseguiu adquirir escala de produção. Verticalizou as operações, cobrindo as etapas de extração, refino e distribuição, ampliando o escopo de atuação da empresa. Este monopólio durou até o governo criar a Lei Anti-Truste e ordenar a divisão da Standard Oil em 34 pequenas novas empresas, das quais surgiram a Exxon, Chevron, Mobil e a Amoco.

O segundo passo dado simultaneamente com a escala de produção foi o investimento em serviços de comercialização, distribuição e aprovisionamentos específicos aos produtos.

Um exemplo dessa etapa foram as Indústrias Reunidas Matarazzo no Brasil. Francisco Matarazzo inaugurou o primeiro grande moinho de trigo paulista. Em 1911, abriu as Indústrias Reunidas Matarazzo que produziam tecidos, latas, óleos comestíveis, açúcar, sabão, presunto, pregos, velas, louças, azulejos. Francisco Matarazzo criou uma rede comercial que atingia todo o território brasileiro, o que propiciou a diminuição drástica dos custos de distribuição.

O terceiro passo foi o recrutamento e a organização de administradores para supervisionar as atividades funcionais de produção e distribuição, coordenar e monitorar o fluxo de materiais ao longo dos processos, e alocar recursos para a produção e distribuição futuras com base no desempenho corrente e na demanda prevista. As hierarquias daí resultantes se estabeleceram segundo linhas funcionais.

Esse terceiro passo direciona a abordagem dos fundamentos da organização. O objetivo do capítulo é ampliar a compreensão dos limites e pressupostos da teoria administrativa. Examinando os principais autores do pensamento administrativo, busca-se entender o papel da burocracia nas organizações, a forma como as teorias administrativas se organizam em perspectiva evolutiva e como a perspectiva da evolução do pensamento administrativo pode ser utilizada para compreender os problemas administrativos.

A gênese da burocracia

As empresas surgem com o aparecimento da burguesia, com o desenvolvimento do comércio, com a separação entre contabilidade privada e contabilidade comercial e com o aparecimento da sociedade por cotas de responsabilidade limitada. Separam-se, assim, o patrimônio e as receitas e despesas familiares dos da empresa. No entanto, ainda não se pode falar da existência de uma verdadeira organização. Só mais tarde, com o aparecimento da sociedade anônima – quando as grandes empresas passam a perder paulatinamente seu caráter nitidamente patrimonial – é que o sistema de produção começa a ser dominado por burocracias. Isso, porém, ocorre bem depois da Revolução Industrial (Motta; Pereira, 1983).

O sistema capitalista desempenhou um papel fundamental no desenvolvimento da burocracia. Na verdade, sem ela a produção capitalista não poderia persistir. Foi por meio da observação da sociedade, das relações trabalhistas e da percepção da necessidade de sistematizar as relações dentro da indústria que Max Weber descreveu a burocracia.

Segundo Delorenzo Neto (1973), Weber considera as organizações como organizações burocráticas desde a antiguidade, apesar de estarem longe do tipo ideal de organização. Com a decadência do feudalismo e com as transformações nas relações comerciais, criam-se condições para a emergência do capitalismo e, consequentemente, para o surgimento também das empresas e da burocracia. As causas da emergência da burocracia estão na busca de sistemas sociais mais aperfeiçoados, na crescente pressão por maior eficiência e na dificuldade frente ao desenvolvimento tecnológico. É a percepção da orientação da sequência dos fatos que permite a compreensão do sistema burocrático (Misse, 2008).

O sistema burocrático e suas relações estão baseados na previsibilidade do comportamento dos membros da organização (precisão, rapidez, univocidade, caráter oficial, continuidade, discrição, uniformidade e redução de atritos) e no racionalismo.

Weber define dois tipos básicos de racionalismo. O primeiro é a racionalidade formal instrumental, entendida como um processo que visa a resultados e fins específicos e que busca adequar os meios aos fins, em que os fins são dados a princípio e a dinâmica do raciocínio se dirige à instrumentalização dos recursos para atingir esses fins.

O segundo é a racionalidade valorativa substancial, entendida como um processo diverso de adequação do meio ao fim e voltado, de forma geral, à elaboração de referências que servem como base para expectativas de valores, ao menos em tese, independentes das expectativas de sucesso imediato, gerando ações que se orientam para as propriedades intrínsecas dos atos.

Segundo Weber, a burocracia se baseia na dominação legal em virtude do estatuto. A obediência relaciona-se às normas e não à pessoa, tanto do subordinado quanto do superior hierárquico. (Vasconcelos, 2004)

Além da hierarquia, outra questão abordada por Weber é a autoridade. São três tipos: tradicional, carismática e racional-legal. De acordo com Reis (2008), a autoridade tradicional apoia-se na tradição para delegar o poder a um indivíduo, enquanto a autoridade carismática baseia-se na aceitação da autoridade de um indivíduo por parte de seus seguidores. Segundo Reis (2008), em um dado momento, "a dominação carismática pode converter-se em dominação do tipo tradicional." Já a autoridade racional-legal assume o caráter impessoal e limitado, baseando-se em normas legais e na estrutura administrativa e burocrática para exercer o poder de seu representante. Weber define a burocracia como um tipo ideal de poder de organização, o qual aplica, em sua forma mais pura, a autoridade racional-legal.

Quanto maior é a organização de um sistema social, mais próxima ela está do modelo ideal de organização burocrática. Considerando burocracia como um tipo de poder e considerando que o "tipo ideal" de poder se dá por meio de abstrações, Weber conceitua burocracia enumerando suas características: as atividades se acham distribuídas sob a forma de deveres oficiais; a organização dos cargos obedece ao princípio hierárquico; a atividade está regulamentada por um sistema de regras abstratas; o funcionário cumpre tarefas baseado em formalidade impessoal; os cargos se classificam tecnicamente; a organização administrativa do tipo burocrático puro pode proporcionar o mais alto grau de eficiência.

Segundo Motta e Pereira (1983), a legitimidade da dominação é o que a torna efetiva. As características da burocracia são:

- **Formalismo:** a autoridade deriva de normas racionais impostas pela hierarquia. O formalismo define precisamente as relações de autoridade, distribuindo funções, e se realiza por meio de documentação escrita.

- **Impessoalidade:** subordinados obedecem a uma norma impessoal visando aos objetivos finais. A função não possui relação com a vida pessoal de seu ocupante. O lado sentimental, a personalidade e a simpatia não possuem espaço. Essa característica confere à burocracia um tratamento eminentemente racional-legal.

- **Profissionalismo:** os cargos devem ser ocupados somente por especialistas, sem levar em consideração hereditariedade nem qualquer outra característica que não esteja relacionada com a qualificação profissional.

- **Controle do profissional:** para contribuir com os objetivos da organização, as organizações devem ser administradas por profissionais. Os administradores não cumprem uma função determinada dentro da organização. Eles são generalistas, tendo como núcleo de suas atividades as atribuições do cargo de administrador.

A transição do modelo burocrático weberiano, segundo Talcott Parsons, deu ênfase à racionalização das organizações como um reflexo do processo de racionalização da sociedade (Vasconcelos, 2004).

Merton (1968) avalia o processo burocrático, no qual a burocracia eficaz exige reação segura e devoção estrita aos regulamentos, conduzindo à sua transformação em valores absolutos; não são consideradas como relativas a um conjunto de objetivos. Isto interfere com a pronta adaptação em condições especiais, não claramente divisadas por aqueles que elaboraram as regras gerais. Assim, os próprios elementos que conduzem à eficiência, em regra, produzem a ineficiência em casos específicos.

Blau (1977) critica o modelo weberiano dizendo que as organizações possuem uma tendência natural para o desenvolvimento ajustável. Segundo o autor, "a única permanência nas estruturas burocráticas é a ocorrência de modificação ao longo de padrões previsíveis e mesmo estes não são determinados de modo inalterável".

Quando Weber limita sua análise à organização puramente formal, vários aspectos relativos ao comportamento dos indivíduos na organização não são considerados, notadamente as lideranças informais e o comportamento do indivíduo como membro de um grupo social. Tais aspectos da informalidade podem influenciar a precisão, rapidez, univocidade, o caráter oficial, a continuidade, discrição, uniformidade e redução de atritos. Como consequência, pode-se incorrer no raciocínio de que os desvios dos requisitos formais só ocorrem em casos particulares. Entretanto, os aspectos informais são inerentes a qualquer organização.

As consequências principais e generalizadas da dominação burocrática são: a tendência ao nivelamento no interesse de uma base de recrutamento quanto à qualificação profissional; a tendência à plutocratização no interesse de uma formação profissional; a predominância de um espírito de impessoalidade formalista.

Muitas críticas aos princípios de Weber particularizaram aspectos relativos às distorções causadas por aqueles que procuraram interpretá-los. Weber, ao procurar sistematizá-los, relatou uma realidade que se impunha àquele momento histórico. A questão das formas de dominação, as críticas relativas à abordagem restrita às relações formais dentro da empresa eram particularizações que estavam aquém dos fatos que motivaram Weber a relatar e procurar explicar a burocracia.

Bendix (1956) propõe uma lista de conselhos gerenciais para o entendimento da burocratização. Segundo ele, a proporção de empregos administrativos varia o tempo todo entre empresas de diferentes tipos e tamanhos. Além disso, o crescimento de empresas industriais apresenta certos problemas administrativos que, em cada caso, requerem pessoal remunerado para a sua solução. Ainda, quando as empresas crescem, é necessária que o gerente/ proprietário delegue aos seus subordinados a responsabilidade de várias funções. Subsequentemente, torna-se necessário delegar algumas funções gerenciais. Esse problema é resolvido, em parte, pela nomeação de um ou vários assistentes gerenciais para que o executivo possa concentrar suas energias em questões essenciais. Ainda segundo o autor, em empresas que permanecem crescendo, pode ser necessário consultar gerentes especialistas para o desenvolvimento de planos em vários departamentos da empresa. Pode ser necessário, também, aumentar o grau de responsabilidade dos subordinados, descentralizando as operações para que a empresa possa operar eficientemente. Esses conselhos são empregados quando uma empresa passa por diferentes estágios de crescimento para solucionar os problemas da organização.

A administração burocrática baseia o exercício da dominação no saber (Delorenzo Neto, 1973). Max Weber explica a primeira razão para o extraordinário desenvolvimento da organização burocrática: sua superioridade técnica. Weber compara a burocracia ao desempenho de uma máquina em relação a métodos mecânicos de fabricação. Pode-se citar, ainda de acordo com o autor, as causas para tal eficiência. São elas: precisão, rapidez, univocidade, caráter oficial, continuidade, discrição, uniformidade, rigorosa subordinação, redução de ficções e de custos materiais e pessoais. Essas vantagens resultam, de uma forma ou de outra, do formalismo, do profissionalismo e da impessoalidade, que podem ser resumidos na previsibilidade de comportamento dos membros da organização. Sem a previsão, não são possíveis nem o planejamento nem o controle de uma organização. (Motta; Pereira, 1983)

A segunda razão está no aumento da necessidade de eficiência e nas dificuldades para lograr essa maior eficiência administrativa. A necessidade de eficiência surgiu com o aparecimento do capitalismo baseado na ruptura com o tradicionalismo e a concorrência entre as empresas. Com a padronização da produção industrial ficou mais fácil medir a eficiência do trabalho e da empresa. O homem percebeu que a eficiência no trabalho, além de economicamente importante, também podia ser medida. (Motta; Pereira, 1983)

O aumento da dificuldade em obter maior eficiência é a terceira razão para o crescimento das burocracias. Aqui se delineiam duas questões. Em primeiro lugar, há o desenvolvimento tecnológico. Uma complexidade tecnológica maior implica em aumento de atividades administrativas e, consequentemente, em maior grau de burocratização, que se espera resultar em maior eficiência. Em decorrência do desenvolvimento tecnológico, a produção em massa só é possível em grandes empresas que, em pouco tempo, passam a dominar o panorama econômico dos países industrializados. Além disso, surgem os sistemas oligopolistas, que necessitam da burocracia para viabilizá-los na condição de sistemas sociais. Em segundo lugar, pode-se considerar a organização da burocracia como a garantia da disciplina dos trabalhadores – organização não como um instrumento meramente técnico, em termos de desenvolvimento das forças produtivas, mas também como um instrumento político de luta de classes a serviço das classes dominantes. (Motta; Pereira, 1983)

Para compreender melhor os desdobramentos do modelo burocrático weberiano nas organizações e o papel dos administradores é necessário compreender a evolução do pensamento administrativo.

Evolução do pensamento administrativo

Conhecer os eventos que traçam a linha evolutiva do pensamento administrativo contribui para a compreensão de conceitos que, observados isoladamente, poderiam constituir-se em fragmentos, sem uma convergência das motivações que determinaram o aparecimento das teorias da administração.

Pode-se dividir a evolução do pensamento administrativo em quatro movimentos: clássico, relações humanas, estruturalista-sistêmico e contingencial (conforme Figura 1.1). Cada movimento possui particularidades que marcam a evolução da teoria administrativa.

As teorias da administração e as características da organização burocrática racional-legal serão apresentadas no contexto dos movimentos da administração, a seguir.

FIGURA 1.1 Evolução do pensamento administrativo. Fonte: Adaptado de Escrivão Filho (1996).

Movimento clássico

O movimento clássico foi conduzido sob a ótica da racionalidade da engenharia. Seus principais representantes, Taylor e Fayol, eram engenheiros. Houve duas vertentes: a administração científica, cujo foco estava no aumento de produtividade no chão de fábrica, e a escola anatômica, que procurou estabelecer formalmente a estrutura organizacional baseada no princípio de hierarquia. Ambas as visões da organização foram importantes para implantar e implementar os princípios da burocracia – formalismo, profissionalismo, impessoalidade e controle do profissional.

Frederick Taylor: princípios da administração científica

Frederick Taylor nasceu na Filadélfia, Estados Unidos, e começou suas experiências e seus estudos observando o trabalho dos operários em uma fábrica, procurando resolver os problemas de produtividade. Contribuiu para a sistematização do estudo da organização, e o trabalho que desenvolveu ao longo de sua vida está na obra *Princípios da Administração Científica*, publicada em 1911.

O taylorismo direcionava-se para a organização do trabalho, tanto dos princípios associados à filosofia do sistema administrativo quanto dos mecanismos que operacionalizam a implantação dos princípios.

A partir da observação direta dos problemas no chão de fábrica, Taylor constatou que mesmo havendo operários que conseguiam superar a produtividade esperada, havia operários com produtividade abaixo do esperado. Portanto, o operário médio, que se situava entre o operário mais produtivo e o operário menos produtivo, poderia melhorar a sua produtividade, utilizando adequadamente os equipamentos disponíveis. A partir desse raciocínio, Taylor concluiu que o aumento da produtividade poderia manter os custos unitários de produção baixos e permitir pagar altos salários como incentivo para a melhoria de produtividade.

Para viabilizar tais ideias, a administração deveria usar métodos científicos de pesquisa e experimentação que permitissem padronizar os processos. Os empregados deveriam ser cientificamente aptos para os serviços e postos de trabalho e deveriam ser treinados para aperfeiçoar suas aptidões. A administração e os trabalhadores deveriam, de acordo com Taylor, cooperar mutuamente para a melhoria da produção. O principal objetivo da administração deveria ser garantir a prosperidade da empresa e do empregado. Nesse sentido, a administração planejaria e orientaria a realização do trabalho, de tal forma que o operário trabalhasse mais rápido e melhor (Taylor, 1979).

Seguindo os postulados preconizados por Taylor, temos ainda as seguintes atribuições da direção: desenvolver, para cada elemento do trabalho individual, uma ciência que substitua os métodos empíricos; selecionar cientificamente, treinar, ensinar e aperfeiçoar o trabalhador; cooperar com os trabalhadores para articular o trabalho com os princípios da ciência que foi desenvolvida; manter a divisão equitativa de trabalho e responsabilidades entre a direção e o operário.

A administração, para o autor, está baseada na preparação e execução de tarefas. As melhorias de processo são obtidas por meio do treinamento em novos métodos de organização e execução do trabalho, sendo que o desenvolvimento dos métodos baseia-se na observação empírica.

Conforme já havia sido preconizado por Weber, os cargos e funções deveriam ser preenchidos por especialistas, que orientariam cada operário com conhecimentos técnicos para a utilização plena do princípio de divisão do trabalho, minimizando as funções de cada operário. Entretanto, segundo Taylor, a falta de coordenação entre operários e departamento pode causar problemas de autoridade, desestabilizando a produção.

Taylor cita os três tipos de problemas mais comuns em uma empresa. O primeiro deles está relacionado à vadiagem premeditada. Esse problema pode ser eliminado pela compreensão adequada do dia de trabalho comum, registrando-se o rendimento maior alcançado pelo operário e sua eficiência, elevando os salários individuais na medida do aprimoramento do trabalhador e despedindo aqueles que não atingiram os índices desejados pela empresa. O segundo problema está relacionado ao desconhecimento, pela gerência, das rotinas de trabalho e do tempo necessário para realizá-las. Por fim, o terceiro problema relaciona-se à falta de uniformidade das técnicas ou métodos de trabalho.

Os mecanismos da administração científica envolvem elementos que sistematizam as relações de produção e o estudo da organização, tais como o estudo de tempo e padrões de produção; supervisão profissional; padronização de ferramentas e instrumentos; planejamento de cargos e tarefas; princípio de execução; utilização da régua de cálculo e instrumentos para economizar tempo; fichas de instruções de serviço; atribuição de tarefas associadas a prêmios de produção pela execução eficiente; sistemas de classificação dos produtos e do material usado na manufatura; e sistemas de delineamento da rotina do trabalho.

As conclusões de Taylor podem ser sintetizadas da seguinte forma:

1 A ciência deve ser a base para promover mudanças na empresa em detrimento do empirismo. A produtividade, por exemplo, é medida por critérios científicos e objetivos, que estabelece padrões a serem atingidos. Como consequência é possível medir a produtividade e avaliar o funcionário a partir dessa medida.

2 A harmonia deve ser o princípio para a solução de discórdias. As relações entre os funcionários e a gerência da empresa devem estar baseadas no respeito mútuo e a relação profissional entre os funcionários deve ser permeada pela cordialidade.

3 A cooperação entre os funcionários cria um ambiente favorável para aprimorar processos de produção. Nesse caso, o foco deve ser na melhoria do desempenho do grupo de trabalho, o que significa fomentar a cooperação entre os indivíduos. O bom desempenho do indivíduo obtido por meio da cooperação reflete-se na melhoria de desempenho do grupo.

Henri Fayol: administração geral e industrial

Henri Fayol era engenheiro de minas e desenvolveu os seus trabalhos em uma empresa metalúrgica e carbonífera, publicando, em 1916, o livro *Administração geral e industrial*. Segundo Fayol (1975), "Organizar significa construir a dupla estrutura, material e humana, do empreendimento."

Fayol (1975) estudou a adequação da estrutura organizacional da empresa para viabilizar o seu funcionamento. Definiu seis funções de uma empresa, seu desenvolvimento relativo ao tamanho da empresa e a função da gerência. Entre as funções de uma empresa estão: funções contábeis (inventários, registros, balanços, custos e estatísticas); funções técnicas (produção de bens ou de serviços da empresa); funções comerciais (compra, venda e permutação); funções de segurança (proteção e preservação de bens e pessoas); funções financeiras (procura e gerência de capitais); funções administrativas (prever, organizar, comandar, coordenar e controlar).

Os administradores industriais, na visão do autor, deveriam possuir capacidades administrativa, comercial e financeira. O coeficiente da capacidade administrativa deveria aumentar conforme a ascensão hierárquica. Segundo Fayol (1975), isso deveria ocorrer "[...] em detrimento da maior parte das outras capacidades que tendem a se nivelar e se aproximam do décimo valor total." O ato de administrar, assim, seria determinado pela proporção de centralização e descentralização das decisões relativas a prever, organizar, comandar, coordenar e controlar, o que constituiria o processo administrativo.

A previsão deveria elaborar um plano de ação considerando os recursos da empresa, a natureza do trabalho presente no processo e as perspectivas futuras em todas as atividades da empresa em que a ocorrência poderia não ter sido predeterminada. O estudo de recursos, possibilidades futuras e os meios para serem usados para atingir o objetivo necessitariam, para Fayol, da contribuição e da experiência de todos os chefes departamentais, cada um reconhecendo a sua responsabilidade para executar o plano.

Um bom plano de ação tem como características a unidade, a continuidade, a flexibilidade e a precisão. Baseado nessas características, Fayol (1975) aconselhou previsões anuais, decenais, mensais, semanais, diárias e de longo prazo, entre outras, de modo que "[...] todas as previsões se fundam num só programa que sirva de diretiva à empresa." Isso facilitaria a melhor escolha de meios e recursos para atingir o objetivo, suprimindo hesitações e mudanças sem justificativas de orientação e contribuindo para a melhoria do pessoal.

A organização deve estruturar as atividades, remetendo ao conceito de *staff*, chamado de fase da funcionalização. Fayol (1975) define *staff* como "[...] um grupo de homens, munidos de força, conhecimento e tempo, elementos que podem faltar ao administrador geral, de maneira a constituir complemento, reforço e uma espécie de projeção de personalidade do administrador."

O comando determina o aproveitamento do operário. Para exercer o comando, o gerente precisa conhecer a personalidade do operário, conhecer os negócios, eliminar os incompetentes, ser um bom exemplo, conduzir periódicas auditorias da organização, manter os chefes assistentes a par das situações para que a unidade de direção focalize os esforços, não se ater a detalhes, incentivar unidade, energia, iniciativa e lealdade a prevalecer ante a personalidade.

Para Fayol (1975), a coordenação deve reunir, unificar e harmonizar todas as atividades e ações. O primeiro método (reunir) constitui a coordenação por organização, o segundo (unificar), a coordenação pela dominância de ideia. Os princípios de organização estão contidos nesse último, para o qual o poder coordenador supremo é a autoridade baseada na comunhão de interesses. A coordenação indica que há um alvo ou objetivo.

O controle, para Fayol, deve garantir que todas as atividades se desenvolvam de acordo com os planos estabelecidos. A função administrativa subdivide-se por todos os níveis hierárquicos. Quanto menor a escala hierárquica, maior é a extensão e o volume de funções administrativas. Nos níveis inferiores, encontra-se a capacidade profissional característica da empresa e, nas diretorias e gerências, a capacidade administrativa.

Os princípios gerais da administração propostos por Fayol (1975) são: divisão do trabalho, autoridade e responsabilidade, disciplina, unidade de comando, unidade de direção, subordinação de interesses individuais aos interesses gerais, remuneração de pessoal, centralização, cadeia escalar, ordem, equidade, estabilidade e duração (em um cargo) do pessoal, iniciativa e espírito de equipe.

O autor demonstra que as organizações tornam-se mais especializadas à medida que crescem, mas todas as suas partes baseiam-se no objetivo e nas funções. A hierarquia e a aceitação da relação superior, para ele, são os alicerces da organização.

Movimento das relações humanas

O movimento das relações humanas ou teoria das relações humanas revelou a existência de uma estrutura informal nas organizações. Surgiu em contraposição à teoria clássica, priorizando as relações entre os indivíduos dentro da organização, e estabeleceu-se a partir das conclusões obtidas na experiência de Hawthorne, desenvolvida por Elton Mayo em quatro fases.

A experiência de Hawthorne buscava, inicialmente, verificar se havia relação entre a intensidade de iluminação e a eficiência dos operários na Western Eletric, empresa fabricante de equipamentos e componentes eletrônicos.

Primeira fase da experiência de Hawthorne

Na primeira fase, grupos de operários realizavam o mesmo trabalho sob as mesmas condições. O grupo de observação trabalhou sob intensidade de luz variável, e o grupo de controle trabalhou sob intensidade constante. Os observadores não identificaram uma relação direta entre a iluminação e a eficiência dos operários. O grupo de observação era avisado do aumento de intensidade de luz, e a expectativa de desempenho fazia a produtividade aumentar.

Ao perceberem que havia um componente de motivação que influenciava o comportamento dos operários, os responsáveis pelo experimento substituíram as lâmpadas de maior potência por lâmpadas de potência inferior, sem avisá-los. Mesmo assim, a produtividade aumentou. Portanto, o fator psicológico se sobrepunha à necessidade fisiológica por maior intensidade de luz.

Para tentar eliminar o fator psicológico, os pesquisadores ampliaram a experiência para verificar a influência de outros fatores fisiológicos relacionados à fadiga no trabalho, mudança de horários e introdução de intervalos de descanso.

Essa fase permitiu a constatação do fator psicológico na produtividade dos funcionários, além do fator físico e fisiológico.

Segunda fase da experiência de Hawthorne

Em abril de 1927, teve início a segunda fase com o objetivo de tentar isolar o fator psicológico na produtividade dos funcionários. Um grupo experimental de seis mulheres (em que cinco montavam relés e uma fornecia as peças necessárias) trabalhava sob as ordens de um supervisor comum, e um observador (grupo de controle) permanecia na sala apenas registrando o trabalho. As condições de trabalho eram as mesmas para todas. Acrescentou-se um plano inclinado com o contador de peças individual para marcar produção individual em uma fita perfurada.

O grupo experimental e o grupo de controle foram separados por uma divisória de madeira em uma sala de provas. Ao término de 12 períodos experimentais, conclui-se que as mulheres gostavam de trabalhar na sala de provas, pois, além de ser mais divertido, a supervisão era menor, o que dava maior liberdade e aumentava a satisfação no trabalho. As mulheres sentiam-se valorizadas por participarem de uma experiência que poderia beneficiar os outros operários.

Os relacionamentos criaram relações de amizade e solidariedade entre elas, o que induziu a um espírito de equipe. Uma líder se sobressaiu, e o grupo aumentava a produção continuamente, mesmo quando solicitadas a trabalhar em ritmo normal. O ritmo de produção aumentava continuamente em virtude do objetivo e do exame contínuo dos registros de produção. Entretanto, como era impossível manter aumento de produção em longo prazo, mudou-se o ritmo na fase posterior. Conclui-se daí que o aumento de produção é uma consequência direta do desenvolvimento de um grupo socialmente organizado que produzia dentro de uma sincronização peculiar e eficaz com os supervisores. (Homans, 1979)

Como o comportamento do grupo experimental era diferente do grupo de controle, os pesquisadores passaram a estudar o impacto, na produção, das relações humanas no trabalho.

Terceira fase da experiência de Hawthorne

A terceira fase teve início em setembro de 1928 e era baseada em um programa de entrevistas. A ideia era conhecer os principais elementos da relação entre o operário e a supervisão, os equipamentos de trabalho e a própria empresa. De 1928 a 1930, foram entrevistados 21.126 dos 40.000 empregados. Em 1931, teve início a entrevista não diretiva, por meio da qual se permitia que o operário falasse livremente, sem que o entrevistador interviesse em qualquer momento. O operário precisava sentir que a administração estava interessada em suas necessidades.

O programa de entrevistas não surtiu o efeito esperado. Mesmo considerando o caráter não diretivo da entrevista, o entrevistador só conseguia fazer o operário falar sobre assuntos específicos por alguns minutos. Ao longo do programa de entrevistas, verificou-se que os operários mantinham uma organização informal para protegê-los da administração. Os operários determinavam e mantinham os níveis normais de produção. O grupo possuía métodos próprios de punição para o operário que não seguia a orientação. Porém, muitas vezes, os operários queriam ser leais à empresa e isto gerava conflitos. Havia uma liderança informal que garantia a unidade do grupo em relação ao sistema informal de punições. Os operários eram muito preocupados com as promoções, e a opinião sobre os supervisores era subjetivamente exagerada.

Quarta fase da experiência de Hawthorne
A quarta fase da experiência foi realizada entre novembro de 1931 e maio de 1932. O objetivo era estudar a dualidade do operário frente aos seus companheiros e à empresa, analisando a organização informal. O grupo experimental foi composto por nove operadores, nove soldadores e dois inspetores, todos da montagem de terminais para estações telefônicas, que passaram a trabalhar em uma sala especial com as mesmas condições de trabalho do departamento. Havia um observador dentro da sala e um entrevistador que ficava do lado de fora entrevistando os operários de vez em quando.

A produção do grupo determinava o pagamento, havendo um salário-mínimo horário para o caso de interrupções na produção. Os salários só podiam ser elevados se a produção aumentasse. O grupo evitava a parada de qualquer um de seus membros.

Após conhecer os operários, o observador notou que, ao montarem o que julgavam ser a sua produção normal, reduziam o seu ritmo de trabalho. Havia um sistema de compensação de produção. A produção em excesso de um dia só aparecia na contagem num dia deficitário. Os operários desenvolveram métodos para uniformizar as suas atitudes e não permitir o aumento da produção por qualquer de seus membros, estabelecendo punições.

Conclusões dos principais pesquisadores
Mayo (1933) concluiu que o trabalho é baseado em interações sociais em que a natureza do trabalho e as formas como as pessoas se relacionam são fatores importantes de produtividade. O operário reage como membro de um grupo social que influencia as suas ações individuais. A administração deve ser capaz de compreender as necessidades dos operários e informar adequadamente sobre os objetivos da empresa. As necessidades psicológicas do operário precisam ser identificadas e satisfeitas para aumentar a produtividade. O ambiente industrial é uma nova extensão da vida social do operário, como qualquer outro ambiente além das relações familiares e da sociedade de uma forma geral.

Para Homans (1979), as modificações e experiências foram realizadas de cima para baixo. O objetivo era identificar os efeitos de uma ordem da administração quando ela chegava para o operador de máquina, pois, apesar de o operário pouco influir nas decisões técnicas, é sobre ele que recai o maior peso das atividades da organização. É difícil para a administração entender as verdadeiras necessidades da produção sob a ótica do operário. Há, portanto, falha de comunicação em ambos os sentidos – para cima e para baixo.

A teoria ou escola das relações humanas resolveu o paradoxo da fábrica de Hawthorne, mas criou o seu próprio. Estudos posteriores não confirmaram as conclusões, do final dos anos 1940 e início dos 1950, de que o trabalhador satisfeito era um trabalhador produtivo.

Movimento estruturalista-sistêmico

O movimento estruturalista-sistêmico surgiu como uma crítica à visão do movimento das relações humanas, pois contempla uma síntese da visão racionalista com a visão das relações humanas. O comportamentalismo é uma evolução da escola de relações humanas, inserido em uma dimensão maior, que é a concepção de sistemas. O comportamento humano, nesse contexto, torna-se o comportamento do indivíduo na organização. A administração, portanto, passa a elaborar os seus pressupostos para a organização, e não mais para grupos de indivíduos.

Teoria estruturalista

A teoria estruturalista buscou ser a síntese da teoria clássica (formal) e da teoria das relações humanas (informal), buscando, na obra de Max Weber, os conceitos fundamentais para esse movimento. A organização, nesse viés, é uma unidade social e complexa. Sendo assim, é necessário estabelecer um novo conceito de estrutura: é um conjunto formal de dois ou mais elementos que subsiste inalterado, seja na mudança, seja na diversidade de conteúdos.

Para os estruturalistas, a relação das partes com o todo mostra que o fenômeno social deve cumprir algumas das propostas relacionadas com a estabilidade da sociedade, buscando um equilíbrio. A soma das partes é mais do que o todo.

Para a teoria estruturalista-sistêmica, o homem participa simultaneamente de várias organizações (social, industrial e estatal) que esperam que ele seja flexível e deixe de lado as necessidades pessoais para que organizações atinjam seus objetivos; refletindo uma personalidade extremamente cooperativista e coletivista. A mudança organizacional surge dos conflitos gerados pelo inconformismo em relação a essas exigências da organização.

O movimento estruturalista-sistêmico começou com o problema de Hobbes relativo a ordens e prosseguiu com algumas questões importantes (Silverman, 1974):

1. Como a sociedade se gerencia para trabalhar e para continuar a sobreviver às mudanças pessoais?
2. Como fazer pessoas de diferentes características genéticas e tipos de personalidade aprender a coexistir e se relacionar de maneira estável?

As organizações formais são caracterizadas por relações sociais harmoniosas criadas com a intenção explícita de alcançar objetivos e propósitos, ou seja, interação social de um grupo constituído para alcançar objetivos específicos. Além disso, são caracterizadas por regulamentos e hierarquia que determinam as relações entre seus membros, permitindo estruturar o trabalho humano e diminuir a margem para atitudes individuais. Assim, possibilita a especialização, facilitando a tomada de decisão e a sua implantação. As organizações formais são, por excelência, burocracias.

A teoria estruturalista na administração pretende conciliar a teoria clássica e a teoria das relações humanas, baseando-se, também, na burocracia. Para tanto, procurou balancear as relações formais e informais dentro e fora da organização, sem alterar os conceitos de ambas. As recompensas materiais e sociais devem estar identificadas com a organização e com o reconhecimento das pessoas que interagem com o operário. Nesse enfoque, denominado racional, a organização é um meio deliberado e racional de alcançar metas conhecidas. No enfoque natural, há um conjunto de partes interdependentes que forma o todo.

As organizações, nessa perspectiva, apresentam três níveis organizacionais: institucional (dirigentes e funcionários); gerencial (cuida do relacionamento entre o nível institucional e o nível técnico, atuando como provedores e facilitadores para a produção); técnico (no qual as tarefas são executadas).

O estruturalismo estava atento a todo o tipo de organização (indústrias provedoras de bens ou serviços comerciais, agrícolas, religiosos, políticos, entre outros). A análise era baseada nas relações interorganizacionais entre os fatores externos e internos da organização.

Teoria de sistemas
O fundamento do enfoque sistêmico é que as empresas só poderão sobreviver em um ambiente de grande mutabilidade na medida em que, com base nos mecanismos de retroação, possam adaptar-se a essas mudanças ambientais.

O pioneiro da teoria de sistemas foi o biólogo Ludwig von Bertalanffy, que procurou identificar as congruências existentes entre as ciências biológicas e sociais. A teoria de sistemas seria o elemento centralizador dessa integração com vistas à unificação da Ciência. O resultado de pesquisa de uma vida inteira foi sintetizado no livro *Teoria geral dos sistemas*.

Bertalanffy (1977) explorou a contraposição dos conceitos de sistemas abertos e fechados. O seu argumento básico era que a Ciência, como a Física convencional, por exemplo, obtém todo o seu desenvolvimento isolando determinados sistemas de seu ambiente. As leis da termodinâmica só têm aplicabilidade ao considerar os sistemas fechados. Mas, na natureza, isso não seria possível.

As empresas são abordadas como se fossem um organismo vivo. Todo organismo vivo depende de um fluxo contínuo de entrada e de saída, que permita a permanência em um estado estacionário que é completamente diferente de um equilíbrio químico ou termodinâmico. Nesse caso, para o autor, o organismo vivo deve ser encarado como um sistema aberto, que interage com o ambiente.

Parsons (1976) foi pioneiro em utilizar o conceito de sistemas abertos no estudo das relações sociais enfatizando a totalidade, as partes e o inter-relacionamento entre elas e das partes com o todo.

O Instituto Tavistock de Londres utilizou o termo "sociotécnico" para caracterizar os fatores sociais e técnicos nos sistemas de produção industriais. Ao invés do conceito de sistemas abertos, eles optaram pela noção de equilíbrio, que era utilizada para analisar o contexto de um sistema aberto (Burrell; Morgan,

1979). A teoria de sistemas abertos foi amplamente utilizada por psicólogos sociais e teóricos comportamentalistas.

Entretanto, apesar da análise proposta, os modelos sistêmicos apresentavam limitações frente às variáveis externas não passíveis de ser estruturadas por esse modelo. Os pesquisadores resolveram restringir-se à variável que causasse maior impacto sobre a configuração estrutural de uma empresa e o seu funcionamento. Essa abordagem foi chamada, por Abreu (1982), de enfoque contingencial.

Movimento da contingência

O movimento da contingência foi uma delimitação do enfoque estruturalista-sistêmico. Ele enxerga todas as ações administrativas como dependentes do contexto em que estão inseridas.

A abordagem contingencial caracteriza-se pela hipótese básica de que existem contingências importantes que determinam a relevância dos diferentes problemas e que, portanto, determinam a estrutura dos problemas para uma dada situação.

A estrutura geral da abordagem contingencial apoia-se em determinar as bases da classificação, determinando os critérios relevantes para cada sistema de produção. Além disso, visa a identificar as variáveis de decisão para cada classe referentes à relevância e à estrutura de problemas para cada situação. Em outras palavras, essa abordagem procura enfatizar que diferentes tipos de sistemas produtivos têm diferentes características e, consequentemente, diferentes problemas, para os quais o "o que fazer" e "como fazer" são aspectos influenciados pelas características dos sistemas de produção.

Os pesquisadores da teoria da contingência procuraram identificar estruturas que pudessem caracterizar as organizações. A diferença fundamental entre o movimento da contingência e o movimento sistêmico é que, apesar de ambos procurarem identificar elementos em comum que pudessem ser sistematizados e, a partir daí, construir uma teoria, os contingencialistas foram a campo comprovar e identificar as variáveis necessárias para o estudo. Já os pensadores sistêmicos, como Parsons, sempre publicaram estudos eminentemente teóricos, sem a preocupação da verificação em campo.

Os principais pesquisadores do movimento da contingência foram Joan Woodward, Burns e Stalker, do grupo de Aston, que identificaram diferentes formas estruturais e processuais derivadas de variáveis de contexto, tais como tecnologia, tamanho, interdependência, origem e história da organização, cultura e objetivos organizacionais, propriedade e controle, localização e recursos utilizados. Apresentam-se também as contribuições do pensamento de Hall, Luthans, Lawrence e Lorsch.

O pensamento de Joan Woodward

Joan Woodward, pesquisadora inglesa, coordenou uma série de estudos para identificar a relação existente entre a tecnologia e a estrutura organizacional. Os resultados dessa pesquisa foram publicados, em 1977, no livro *Organização industrial: teoria e prática*.

As pesquisas foram feitas por um grupo de pesquisadores que observaram mais de cem indústrias localizadas na região Sudeste de Essex na Inglaterra.

As empresas apresentavam uma grande heterogeneidade em relação a porte, número de empregados, situação relativa (matriz ou filial), o que determinou que uma parte fosse abordada a partir de um estudo extensivo e outra parte, por estudo intensivo. Inicialmente, o levantamento das informações foi baseado em: história, experiência e objetivos; descrição dos métodos e processos de fabricação; formas e rotinas por meio das quais a empresa era organizada e operada; fatos e números que poderiam ser usados para avaliar o sucesso comercial das empresas. Todas as informações foram detalhadas e as empresas foram categorizadas, fazendo-se uma análise detalhada da estrutura do trabalho. Nos departamentos de produção, os níveis hierárquicos variavam bastante.

Na comparação com fábricas de diferentes tamanhos, os fatores históricos foram analisados e não houve conclusão a respeito. Ao relacionar as diferenças tecnológicas e as estruturas organizacionais, apesar da tecnologia não ser a única variável relevante, a influência da tecnologia sobre a estrutura organizacional era grande.

Os objetivos da fábrica determinam a tecnologia a ser utilizada segundo duas variáveis: o que e como produzir. Woodward (1977) então propôs três categorias de sistema de produção com crescente nível de complexidade:

1. Sistema de produção unitário e de pequenos lotes: compreende a produção de unidades de acordo com os requisitos fornecidos pelo cliente, produção de protótipos, produção por etapas de grandes equipamentos e a produção de pequenos lotes sob encomenda de consumidores.
2. Sistema de produção de grandes lotes e em massa: compreende a produção de grandes lotes em linha de montagem e produção em massa.
3. Sistema de produção por processo: compreende produção intermitente de produtos químicos em fábricas multifuncionais e a produção em fluxo contínuo de líquidos, gases e substâncias cristalinas.

Para completar a classificação, Woodward (1977) criou categorias adicionais para os sistemas de produção combinados. A tipologia final proposta por Woodward (1977) diz respeito a:

Tipo 1: empresas com controles unitários pessoais, em grande parte, são características das tecnologias de produção unitária e de pequenos lotes.

Tipo 2: empresas com controles fragmentados e predominantemente pessoais, nas quais um número maior de indivíduos pode participar do estabelecimento de critérios de controle, são características de muitas empresas de produção em massa ou de grandes lotes.

Tipo 3: empresas com controles administrativos ou mecânicos fragmentados e, em grande parte, impessoais são características também de empresas que utilizam tecnologias de produção em massa ou em grandes lotes.

Tipo 4: empresas com controles administrativos e mecânicos unitários e predominantemente impessoais são características da produção por processo.

O pensamento de Burns, Stalker e Hall

Para Burns, Stalker e Hall, as variáveis ambientais são as variáveis independentes, e as técnicas administrativas são variáveis dependentes dentro de uma relação funcional. O ambiente não causa ocorrência de técnicas administrativas. Ao invés da relação causa/efeito entre as variáveis do ambiente e as variáveis administrativas, existe uma relação funcional para alcançar os objetivos da organização de modo eficaz.

A abordagem contingencial pressupõe uma atitude proativa da administração, antecipando-se na solução dos problemas antes de sua ocorrência em virtude da situação das variáveis ambientais. Contudo, alguns autores identificam um determinismo do fator contingencial na ação do administrador, especialmente no estudo de Woodward com a variável *tecnologia*.

Burns e Stalker (1961) pesquisaram 20 indústrias inglesas para verificar a relação existente entre as práticas administrativas e o ambiente externo dessas indústrias. As organizações mecanicistas são baseadas em divisão do trabalho, centralização, hierarquia rígida, sistema simples de controle, interação vertical entre superior e subordinado, formalismo e ênfase nos princípios da teoria clássica.

Na mesma obra, de 1973, os autores identificaram duas estruturas possíveis para enquadrar as empresas apesar da análise ser situacional.

A conclusão é que, sob condições ambientais relativamente estáveis, a forma mecanística de organização é mais adequada. Para condições ambientais de mudança, a estrutura orgânica é a melhor forma de organização. As organizações orgânicas possuem estrutura flexível, cargos continuamente redefinidos, descentralização, interação lateral, amplitude de controle, maior confiança nas comunicações e ênfase na teoria das relações humanas.

A teoria da contingência salienta que as características das organizações são variáveis dependentes do ambiente e da tecnologia. Hall (1962) analisa o ambiente em dois segmentos: o ambiente geral (macro ambiente) e o ambiente de tarefa. O ambiente geral é constituído por condições comuns para todas as organizações (tecnológicas, políticas, legais, demográficas, ecológicas e culturais). O ambiente de tarefa é o ambiente particular de cada empresa (fornecedores, clientes ou usuários e entidades reguladoras). Uma organização tem poder sobre o seu ambiente de tarefa quando as suas decisões afetam as decisões dos fornecedores de entradas e os consumidores de saída. Dessa forma, a tipologia de ambientes de tarefa pode ser homogênea (pouca segmentação de mercado) ou heterogênea e estável (desenvolvimento lento e previsível) ou instável. Quanto mais homogêneo um ambiente de tarefa, menor diferenciação será exigida da organização; quanto mais estável, menor a necessidade de flexibilidade.

O ambiente da empresa determina os níveis de diferenciação e de integração. Conforme os sistemas aumentam, diferenciam-se em partes que precisam ser integradas para o sistema geral funcionar. Além do ambiente, a tecnologia é uma variável independente para a empresa funcionar e alcançar seus objetivos.

O pensamento de Lawrence e Lorsch

A teoria da contingência propôs a contraposição entre organização e o ambiente econômico no qual ela está inserida (Lawrence; Lorsch, 1973). Eles concluem que os problemas organizacionais básicos são diferenciação e integração. A divisão departamental da organização para o desempenho de uma tarefa especializada em um contexto ambiental também especializado é chamada de diferenciação. A integração é o resultado de ações coordenadas desempenhadas em função de pressões internas e externas para atingir um objetivo comum.

O ambiente da empresa determina os níveis de integração e a diferenciação. Conforme os sistemas aumentam, diferenciam-se em partes que precisam ser integradas para o sistema geral funcionar. Além do ambiente, a tecnologia é uma variável independente para a empresa funcionar e alcançar seus objetivos. A tecnologia incorporada é relativa à matéria-prima, bens de capital, componentes, etc. A tecnologia não incorporada encontra-se nas pessoas.

O pensamento de Luthans

Os modelos contingenciais de Luthans (1976) baseiam-se em liderança, mudança comportamental e projeto organizacional.

O relacionamento contingencial é conhecido por "se-então". O "se" é a variável independente e o "então" é a variável dependente (Escrivão Filho; Guerrini, 2010). Conforme Luthans (1976), "um relacionamento "se-então" pode ser aplicado à teoria e prática gerencial. Frequentemente, o ambiente serve como variáveis independentes e os conceitos e técnicas como variáveis dependentes". Para as contingências ambientais de Lawrence e Lorsch, o relacionamento contingencial poderia ser expresso da seguinte forma:

1. Se o ambiente é estável, então uma estrutura organizacional mais burocratizada é apropriada.
2. Se o ambiente é instável, então uma estrutura organizacional menos burocratizada é apropriada.

Os teóricos da contingência buscam definir em quais situações determinados conceitos gerenciais são válidos. O referencial analítico apoia-se nos sistemas abertos.

A concepção do modelo contingencial do projeto organizacional, juntamente como o referencial analítico dos sistemas abertos, foram as sementes para a modelagem organizacional.

Na visão de projeto organizacional, Nadler e Gerstein (1994) definiram como "arquitetura organizacional" a ampla série de decisões que os administradores tomam sobre as organizações. Para tanto, deve-se considerar dois aspectos: como a arquitetura permitirá que a organização desenvolva suas várias estratégias e realize o trabalho exigido e como se harmonizará com as pessoas da organização ou terá impacto sobre elas.

As organizações são sistemas de comportamento e, por meio da teoria de sistemas abertos, é definido o modelo de congruência das organizações.

Para Handy (1974), o estudo dos indivíduos em organizações não tem relação com certeza predizível, pois há uma multiplicidade de variáveis que incide sobre qualquer situação organizacional. Para o autor, o ser humano possui a tendência natural de repetir muitas influências sobre o seu comportamento. A análise é um pré-requisito para a ação, mas, sem ação, a análise é mera análise. As estruturas conceituais permitem identificar as variáveis-chaves de qualquer situação, prever resultados prováveis de quaisquer alterações nas variáveis e selecionar as que se pode e deve influenciar.

A organização do ponto de vista da teoria

Escrivão Filho (1996) afirma que a imensa amplitude de novos modelos, teorias, escolas, abordagens ou enfoques é enganosa, pois somente a observação dos pressupostos teóricos básicos garante a sustentação de uma nova proposta, sendo que, no geral, a maioria trata apenas de aspectos superficiais. Duas teorias separadas no tempo podem diferir devido ao estágio do conhecimento administrativo.

Para Ramos (1983), a reformulação do conceito de ação administrativa baseia-se: na delimitação do âmbito específico da organização e do espaço existencial humano que lhe corresponde; na avaliação precisa do papel dos fatores éticos no condicionamento da eficiência e da produtividade; e, finalmente, na inclusão do ambiente externo como elemento da organização.

A ação administrativa é definida como toda a modalidade de ação social dotada de racionalidade funcional, supondo que os seus agentes estejam, enquanto a exercem, sob a vigência predominante da ética e da responsabilidade.

A informação, para Ramos, é a unidade fundamental do processo organizativo. Os problemas da organização são quase sempre problemas de fluxo de informação. A superconformidade dos participantes da organização, viciando as informações, pode ser prejudicial. O ajustamento do indivíduo à organização jamais pode ser procurado como uma forma de superconformidade.

Pizza Jr. (1990) estabelece as bases conceituais da Ciência das Organizações como fundamentais em distinção entre dois tipos de racionalidade; preocupação com a consecução das finalidades; criação de padrões objetivos para avaliação de desempenho; medição entre requisitos funcionais e interesses substantivos.

Tragtemberg (1971) afirma que as categorias básicas da teoria geral da administração são históricas, isto é, respondem a necessidades específicas do sistema social. A teoria da administração é ideológica, na medida em que traz em si a ambiguidade básica do processo ideológico que consiste em determinações sociais reais vinculadas à teoria da administração, como instrumentos e técnica (de trabalho industrial, administrativo e comercial) por mediação de trabalho; afasta-se dessas determinações sociais reais, compondo-se num universo sistemático, organizado, refletindo deformadamente o real.

As organizações possuem ética e racionalidade próprias. A busca por um modelo que viabilize o funcionamento das organizações econômicas em um espaço delimitado e a sua articulação com os seres, nos diversos ambientes de suas influências comuns, deve observar os seguintes requisitos: fundamentação das bases epistemológicas das Ciências da organização; reconhecimento do papel episódico das organizações formais e do imperativo da produção como decorrência do chamado mercado autorregulado, elo próprio de circunstância histórica; abdicação, por parte da Ciência das Organizações, de transformar conteúdos e outros campos do conhecimento em instrumento de uso e controle, com vistas à produção; desistência de identificar o ambiente organizacional com opções existenciais dos atores humanos nele engajados, assim como o espaço privado de cada um. (Pizza Jr., 1990)

Segundo Sennett (2005), a automação reduziu a quantidade de trabalhadores braçais nas linhas de montagem. As empresas de tecnologia e finanças são afetadas positivamente pela globalização. A maioria absoluta das empresas dos Estados Unidos e do Reino Unido não é global, não tem mais do que 3 mil empregados e vive no modelo burocrático weberiano com rentabilidade. Mesmo sendo uma minoria, as empresas globais são tidas como modelos de implementação de tecnologias e de terceirização para empresas e governos. Nos Estados Unidos e no Reino Unido, o trabalho temporário já corresponde a 8% e continua crescendo. Como consequência, as mudanças estão diminuindo a lealdade institucional, e a confiança informal e o conhecimento institucional têm sofrido perdas.

Vergara e Vieira (2005), ao buscarem entender se a dimensão tempo-espaço é uma categoria útil para a compreensão das organizações, concluíram que novos métodos de gestão e novos espaços socioeconômicos, ao serem desenvolvidos, estabelecem, em sequências não recorrentes, ordens de sucessão dos eventos organizacionais. A importância da base social é o fundamento para a análise tempo-espaço nas organizações, considerando que os sujeitos, individual e coletivo, encenam e experimentam os atos de suas vidas. As tecnologias de ponta, para os autores, imprimem alta expressão aos fundamentos do tempo-espaço, tanto no que diz respeito às tecnologias de comunicação quanto às da informatização. Os autores também afirmam que a dimensão tempo-espaço nas organizações da atualidade é fragmentada e interage na razão global, afetando a multidimensionalidade produtiva e, segundo eles, operando "[...] na mesma escala, o centro da ação e a sede da ação. Essa possibilidade tornou-se concreta com a introdução das tecnologias microeletrônicas, cuja ampla operacionalização permitiu, a partir dos anos 1990, a expansão da economia global."

Considerações finais

Entre os pensadores da administração, é possível identificar uma linha divisória.

Os pensadores do movimento clássico e do movimento das relações humanas abordam o problema de natureza administrativa procurando isolar as partes do problema, para compreender as suas variáveis e aplicar métodos científicos.

Os pensadores do movimento do estruturalismo-sistêmico e do movimento da contingência procuram inserir o problema de natureza administrativa em um contexto maior para permitir a estruturação do problema, identificar os conceitos chave e os sistemas relevantes que serão comparados com a realidade para propor ações de melhoria para o problema.

Portanto, pode-se dizer que os pensadores do movimento clássico e do movimento de relações humanas possuem um viés mais analítico na linha do raciocínio cartesiano, enquanto que os pensadores do movimento do estruturalismo--sistêmico e do movimento da contingência possuem um viés mais generalista na linha do raciocínio sistêmico.

Na administração científica e na administração geral e industrial, Taylor e Fayol empregavam os princípios da divisão do trabalho proposto por Adam Smith para melhorar a produtividade e conseguir produzir em grande escala. Estavam decompondo o problema em movimentos a partir dos quais os tempos podiam ser medidos para então estabelecerem os padrões de produtividade. Na escola anatômica, Fayol definiu os princípios da organização hierárquica, em que o trabalho era dividido por especialidades, como produção, finanças, etc. Na época, essas mudanças significaram um grande avanço em relação à mentalidade existente.

Todas as teorias administrativas desenvolvidas nos primórdios da administração foram generalizações feitas a partir de estudos de caso em empresas. No caso de Elton Mayo, que desenvolveu os seus estudos na Western Eletric, foi a longa duração dos seus experimentos que deu o reconhecimento aos fenômenos por ele observados. Assim como Taylor e Fayol, o método analítico foi utilizado por Elton Mayo para a compreensão do problema da produtividade do trabalhador. Ao querer verificar se a iluminação influenciava a produtividade no ambiente de trabalho, ele havia separado um aspecto bastante específico para tentar uma generalização. Mas, no transcorrer da pesquisa, ficou claro que o ser humano era muito mais complexo do que simples variáveis físicas. Mais tarde, os comportamentalistas compreenderam que os objetivos do trabalhador tinham que ter sinergia com os objetivos da organização.

Grande parte das empresas está arraigada à visão funcionalista, cuja estrutura organizacional define como o poder distribui-se ao longo da hierarquia e, por consequência, a comunicação dos objetivos da empresa é transmitida para as pessoas. Em sua manifestação extrema, cada departamento da empresa é avaliado como um centro de custo, que deve gerar receita. Como consequência, cada departamento estabelece os seus próprios objetivos, que nem sempre estão alinhados com os objetivos da empresa. Há departamentos que claramente conseguem estabelecer e atingir metas, como, por exemplo, o departamento de manufatura: aumentar a produtividade, produzir com um índice de defeitos menor. Há departamentos cujas metas de produtividade são discutíveis, como, por exemplo, o departamento de informática: caso aumente o número de atendimentos a problemas de hardware ou rede, isso pode indicar que o departamento está sendo ineficaz em garantir a confiabilidade.

Entretanto, há empresas que não abandonaram completamente a visão funcionalista, mas criaram divisões orientadas para projeto, que se descolam da autoridade da estrutura organizacional e são avaliadas pelo sucesso no desenvolvimento e implantação de um novo projeto na empresa. As divisões orientadas para projeto necessitam compreender a cadeia de valor do produto ou processo como um todo, estabelecer elos cooperativos entre os diferentes atores responsáveis pelos recursos e projetar as operações que serão necessárias para implementar o processo ou produto em questão.

O conceito de projeto da organização, nesse caso, necessita de metodologias que permitam a representação esquemática de diferentes domínios de conhecimento baseada nos processos de negócio. As áreas de conhecimento relativas à engenharia e à computação desenvolveram diversas metodologias de modelagem organizacional para a compreensão da empresa por seus processos de negócio.

É cada vez mais evidente a influência do ambiente nas organizações, conforme apontado pelos pensadores contingenciais. O projeto da organização tem sofrido uma influência contínua da tecnologia de informação. As estruturas organizacionais estão sofrendo achatamentos, para que os resultados sejam mais palpáveis. A orientação para uma estrutura baseada em equipes multifuncionais voltadas para os processos de negócio tem criado diferentes formas de organização do trabalho.

No próximo capítulo vamos ver como a modelagem organizacional pode contribuir para a visão por processos de negócio. Abordaremos as principais metodologias de modelagem organizacional nas perspectivas da Teoria de Sistemas, integração de empresas e gestão do conhecimento.

2
Modelagem organizacional

O modelo organizacional é uma representação de estrutura, atividades, processos, informações, recursos, pessoal, comportamento, objetivos e restrições das empresas comerciais, governamentais ou de outra natureza, a fim de auxiliar a compreender as complexas interações entre organizações e pessoas. Cada organização tem sua missão, seus objetivos e seus processos, e é importante condicionar a sistematização desses processos por meio de metodologias de modelagem organizacional (Alencar, 1999).

Modelagem de empresas é uma atividade corporativa que produz modelos de recursos, de fluxos de informação e de operações dos negócios que ocorrem na empresa (Huhns et al., 1992 apud Mancuso; Edelweiss, 2002). Segundo Bubenko Jr., Pesson e Stirna (2001a), "modelagem empresarial" é um processo em que um modelo de empresa é integrado, negociado e criado, visando a descrever um empreendimento específico a partir de várias perspectivas diferentes.

Um dos principais objetivos ao construir a especificação de uma empresa, por meio da sua modelagem, é o de melhor entendê-la, com vistas a identificar problemas e procurar soluções que melhorem o seu desempenho organizacional, tais como aumentar a velocidade das tarefas, reduzir custos e otimizar a qualidade dos serviços (Mancuso; Edelweiss, 2002). Uma das vantagens da modelagem é o efeito que causa nos participantes. A modelagem favorece um melhor entendimento das partes essenciais do empreendimento, buscando soluções para problemas práticos ou chegando a um consenso sobre um determinado assunto, o que torna o modelo uma ferramenta efetiva para melhorar tanto a comunicação quanto o aprendizado organizacional (Bubenko Jr.; Pesson; Stirna, 2001b).

Um modelo de qualidade é baseado na discussão explícita dos participantes e relacionamentos entre elementos de diferentes submodelos. O modelo fornece, de forma natural, uma possibilidade para os participantes abordarem questões e fenômenos relacionados com sua parte do negócio e verem o impacto de suas decisões ou conhecer os requisitos de todos os processos da organização. Os modelos proporcionam benefícios para a cultura e o aprendizado organizacionais. Podem ser usados para representar e discutir como projetar e melhorar processos organizacionais e como desenvolver estratégias futuras. Entretanto, os benefícios dos modelos dependem da forma como são desenvolvidos, uma vez que eles podem apenas apresentar percepções subjetivas de como as coisas são ou deveriam ser.

A proposta desse capítulo é apresentar a modelagem organizacional sob três vertentes: teoria de sistemas, que apresenta uma visão abrangente da modelagem organizacional; integração de empresas, que apresenta uma visão de modelagem dos processos de chão de fábrica; e gestão de conhecimento, que faz a ligação entre a visão sistêmica e a integração de empresas.

Modelagem organizacional como teoria de sistemas

A modelagem organizacional pode ser entendida, na teoria das organizações, como uma evolução da teoria de sistemas com o intuito de buscar meios de representar as relações entre processos, atores e recursos na organização.

A seguir são apresentadas duas metodologias baseadas na teoria de sistemas para modelagem da organização.

Dinâmica de sistemas

Forrester (1961) demonstrou o valor de modelos explícitos que associavam o processo de negócio à estrutura organizacional. Ele propôs a primeira modelagem organizacional baseada no enfoque sistêmico. Durante os anos 1980, a proposta de dinâmica de sistemas de Forrester ficou de certa forma estagnada, sendo retomada no final dos anos 1990 com o avanço da informática. Basicamente, a dinâmica de sistemas é caracterizada pelo diagrama de enlace causal e pelo diagrama de fluxo da dinâmica de sistemas.

O diagrama de enlace causal procura entender os enlaces de retorno que fazem parte do sistema em estudo, também conhecido como diagrama de influência. É utilizado para compreender a estrutura geral do sistema, e não os seus detalhes, sendo deliberadamente simples.

A estrutura de retorno é composta por todos os fatores que podem afetar o comportamento, o que inclui processos físicos, como a acumulação de materiais, recursos humanos ou equipamentos, obsolescência e envelhecimento, bem como políticas e processos de tomada de decisões. Esses últimos incluem fatores relacionados aos canais de informação, sistemas de incentivos, valores pessoais, tradições, expectativas e prazos, os quais, em conjunto, determinam o que os responsáveis pelas decisões devem levar em conta, como devem reagir e a rapidez da reação.

Os circuitos causais podem ser de equilíbrio ou de reforço. Circuito causal de equilíbrio revela um comportamento do sistema que busca um objetivo (o equilíbrio, propriamente dito). O circuito causal de reforço revela um comportamento que tende a apresentar um crescimento exponencial ilimitado. (Figura 2.1)

Nos circuitos causais, a letra M, na seta, indica que os dois conceitos se deslocam no mesmo sentido: à medida que um fator aumenta, o outro fator repete este comportamento. Já a letra O indica que os dois conceitos ligados por esta seta se deslocam em sentidos opostos. Quando se examina a estrutura de um sistema maior, percebe-se que o diagrama de circuito causal é composto por uma combinação de circuitos de equilíbrio e de reforço.

O diagrama de fluxo de dinâmica de sistemas procura representar os relacionamentos entre níveis e razões de fluxo que formam um modelo de dinâmica de sistemas. De maneira geral, os fluxos são representados por setas, fazendo distinção entre fluxos de recursos (linha dupla) e fluxo de informações (linha simples). Os círculos são conversores ou variáveis auxiliares (Forrester, 1961) e podem ser usados para os seguintes propósitos: combinar diversos fluxos em

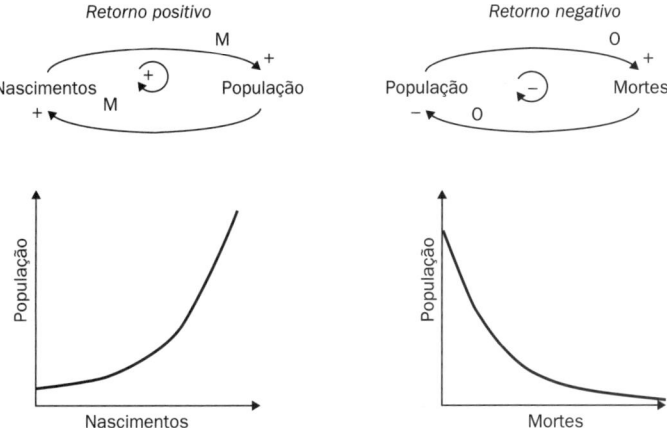

FIGURA 2.1 Circuitos de equilíbrio. Fonte: Paro (2007).

um único, ou dividir um em diversos; converter unidades nas quais o estoque/nível é medido em uma unidade diferente; simplificar o uso de expressões algébricas complexas; ser parte do processo de entrada/saída; modelar objetivo para os níveis, alvos gerenciais ou valores ideais. O diagrama de estoques e fluxos é usado na simulação de cenários por alguns tipos de *software*. Sua construção é facilitada a partir dos diagramas de circuito causal.

Dois produtos comerciais para a modelagem utilizando a dinâmica de sistemas são o *Stella* e o *IThink*. É melhor usar a dinâmica de sistemas em um modo interpretativo para tentar compreender diferentes pontos de vista sobre um sistema e sua possível operação. Na Figura 2.2, apresenta-se o diagrama e seus componentes mais comuns, segundo a simbologia Stella.

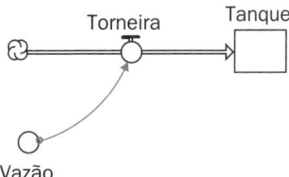

FIGURA 2.2 Simbologia Stella. Fonte: Paro (2007) - Gerado pelo software Stella.

Os fluxos determinam os estoques, ou níveis (Forrester, 1961). Os conversores são utilizados para diversos propósitos (Pidd, 1998): combinar diversos fluxos em um único, ou dividir um em diversos; converter unidades nas quais o estoque/nível é medido em unidades diferentes dos demais; simplificar o uso de expressões algébricas complexas, etc. A adoção de sistemas ajuda a compreender o comportamento e os acontecimentos por meio da ênfase dada à estrutura subjacente do sistema, evitando os erros de avaliação resultantes da ênfase dada às consequências imediatas das ações.

Metodologia de sistemas soft

Segundo Checkland (1981), enquanto na abordagem analítica os problemas são decompostos em partes cada vez menores para que o fenômeno possa ser estudado e analisado, na abordagem sistêmica, o problema deve ser inserido em contexto maior para que ele possa ser compreendido como problema não estruturado apreendido no mundo real, passando pelas fases de estruturação, identificação das variáveis e conceitos relevantes no nível abstrato, até a contraposição do empírico com a teoria e a sistematização de ações de melhoria. Os estudos sistêmicos resultantes de pesquisas realizadas em diversos tipos de problemas e organizações, em que se observa um único grupo com características bem determinadas, podem utilizar ideias de sistemas para a solução de problemas em situações reais.

Checkland (1981) desenvolveu a metodologia de sistemas *soft* para abordagem sistêmica de problemas de natureza administrativa, fazendo um paralelo entre o mundo real e o pensamento sistêmico. Segundo Checkland (1981), uma metodologia que englobe os conceitos de sistemas deve ter quatro características: ser aplicável a problemas reais; não ser vaga, no sentido de fornecer mais base para a ação do que uma filosofia; não ser precisa, como uma técnica, mas fornecer uma compreensão que a precisão não permite; permitir que novos desenvolvimentos da teoria de sistemas possam ser incluídos na metodologia. A metodologia de sistemas *soft* parte do pressuposto de que o problema de natureza administrativa é um problema desestruturado e que, para compreendê-lo, é necessário inseri-lo em contexto mais amplo.

Nesse sentido, parte-se de uma situação observada no mundo real (um problema não estruturado) e verifica-se o contexto para que ele se torne um problema estruturado. A partir do pensamento sistêmico identificam-se as definições relevantes, os modelos conceituais e faz-se uma contraposição entre os modelos conceituais e o problema expresso para propor sistematizações e ações de melhoria relativas ao problema.

Esses estágios são apresentados na Figura 2.3.

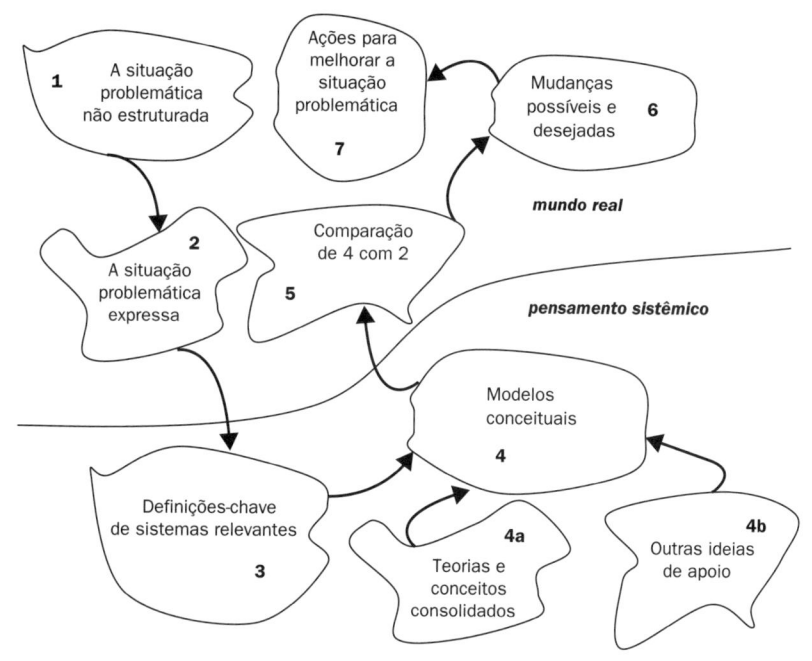

FIGURA 2.3 Passos da metodologia *soft*. Fonte: Pidd (1998).

Os passos da metodologia proposta por Checkland (1981) são os seguintes:

Estágios 1 e 2: construir o quadro mais completo possível, não do problema, mas da situação na qual se percebe estar o problema. Buscar formar a ideia de como o processo e a estrutura se relacionam dentro da situação desejada, e definir o "clima" da organização. A estrutura pode não ser adequada ao processo ou vice-versa, e esta falta de afinidade gera problemas muitas vezes difíceis de serem detectados. O estágio 1 define a situação problemática mal estruturada e o estágio 2 a situação problemática caracterizada.

Estágio 3: envolve a identificação de alguns sistemas e dos elementos que o compõem, os quais podem ser relevantes para entender o problema identificado (inferido). Nesse estágio, são feitas as propostas e a preparação de definições concisas do que esses sistemas são e deveriam fazer – contrastando com o que eles realmente fazem. Essas definições feitas no estágio 3 são chamadas definições básicas, porque se pretende indicar que elas transmitem a natureza fundamental dos sistemas escolhidos.

Estágio 4: construção de modelos conceituais dos sistemas das atividades humanas relacionados nas definições básicas. A linguagem para a construção dos modelos utiliza verbos que descrevem as atividades mínimas necessárias exigidas pelos sistemas de atividades humanas descritos nas definições básicas. É alimentada pelos estágios 4a e 4b. O estágio 4a refere-se à utilização de teorias fundamentadas ou de um modelo geral, reconhecido ou aceito, de qualquer sistema de atividades humanas que possa servir de base de comparação para verificar se os modelos construídos não são deficientes. O estágio 4b consiste da modificação ou transformação do modelo construído, se desejado, em outra forma considerada adequada à situação.

Estágios 5 e 6: os modelos construídos e considerados relevantes à melhoria da situação problemática são levados para a situação real e comparados com a percepção do que existe. O objetivo dessa comparação é gerar debate com as pessoas envolvidas no problema, debate que, no estágio 6, define as possíveis mudanças que satisfaçam duas restrições: sejam *desejáveis* pelas pessoas envolvidas em cada processo e, ao mesmo tempo, *viáveis* dadas as atitudes e a estrutura de poder existentes. A viabilidade da mudança vai depender dessas duas restrições e dos recursos necessários, além de manter uma relação saudável com a história da organização (cultura).

Estágio 7: envolve a ação. Baseia-se nas propostas discutidas, modificadas e aceitas como desejáveis e viáveis no estágio 6, para melhorar a situação problemática.

Uma questão a ser considerada nessa abordagem é que ela não pretende iniciar em um único ponto (estágio 1) e terminar em outro ponto (estágio 7). Ela é cíclica, procura incorporar a aprendizagem que emerge do seu uso. O uso na vida real fará que seja necessário voltar aos mesmos sete estágios para tratar de novas questões derivadas da realização de atividades anteriores, desempenhando novas iterações no ciclo (Pidd, 1998).

Outra questão é a linha traçada mais ou menos na diagonal e que separa os estágios 1, 2, 5, 6 e 7 dos estágios 3, 4, 4a e 4b. Essa linha indica que a análise trata de duas preocupações: uma relacionada ao mundo real e outra ao domínio do pensamento sistêmico. O termo "mundo real" refere-se ao cotidiano das pessoas. Desse modo, para ser possível a análise cultural, o trabalho no mundo real não deve ignorar os significados que as pessoas empregam em relação ao que elas e outras pessoas fazem. (Pidd, 1998).

Modelagem organizacional para integração de empresas

A modelagem organizacional tem o objetivo de representar os processos e a agregação de valor, as informações, os recursos envolvidos, o comportamento, os objetivos e as restrições das empresas comerciais, governamentais ou de outra natureza, a fim de ajudar a compreender as complexas interações entre as organizações e as pessoas.

Cada organização tem a sua missão, objetivos e processos próprios, e é importante dar atenção à modelagem desses processos. Alencar (1999) destaca os seguintes objetivos da modelagem organizacional:

- Fornecer um objeto que seja representação compartilhável e reusável da cadeia de fornecimento de informação e conhecimento.
- Apoiar tarefas da cadeia de fornecimento, pela habilitação de respostas a questionamentos que não estão explicitamente representados no modelo.
- Definir os objetos de maneira precisa, de forma que sejam consistentemente aplicados, por meio dos domínios e interpretados pelos usuários.
- Apoiar a visualização do modelo, de forma intuitiva, simples e consistente.

O modelo organizacional, com os seus respectivos submodelos, fornece ao tomador de decisão uma representação mais uniforme da empresa, favorecendo compreender a empresa e seus negócios, dando apoio para o desenvolvimento de novas áreas da empresa e contribuindo para o monitoramento e controle de seus processos (Vernadat, 1996).

A utilização do conceito de processos fornece nível de análise conveniente e uma melhor visão do comportamento gerencial – uma visão mais integrada e abrangente, indispensável para a análise adequada dos processos administrativos e gerenciais, tão importantes para o funcionamento dos processos essenciais da organização (Gonçalves, 2000a).

Segundo Vernadat (1996), os processos de negócios representam o fluxo de controle do que ocorre na empresa, materializam políticas de gerenciamento, fluxos de documentação, processos operacionais, processos de manufatura, processos administrativos e regulamentações. A integração interempresarial é a concomitante integração dos processos de negócios de uma dada empresa aos processos de negócios de outra, ou mesmo o compartilhamento de partes dos processos de negócios por diferentes cooperações empresariais. Infere-se que a modelagem e a integração empresarial são obtidas por meio da modelagem e integração dos processos de negócios.

O trabalho orientado para processos de negócios é realizado por meio da construção de um modelo dos processos de negócios da empresa, a partir do qual se constrói uma visão de aspectos comportamentais e organizacionais (Bremer; Lenza, 2000). Segundo Gregoriades e Sutcliffe (2008), o modelo de processos de negócio permite melhorias como o *benchmarking* e melhoria contínua de processos. O modelo representa uma base de conhecimento importante que poderá, no futuro, permitir que eventuais modificações nos processos de negócios – como, por exemplo, a introdução de novas regras no processo ou novos agentes. (Lousã; Sacramento; Altamiro, 2003)

De acordo com Palmberg (2010), os motivos que levam uma organização a buscar a visão por processos são particulares a cada organização. Entretanto, segundo Jeston e Nelis (2006), é possível identificar os motivos mais comuns. São eles:

- Há um crescimento acentuado, levando a dificuldades em atingir objetivos e perda de controle e agilidade para aproveitar oportunidades;
- Há dificuldades no gerenciamento, com informações imprecisas e/ou conflitantes, e necessidade de cortar custos e aumentar produtividade.
- Ocorre alta rotatividade, falta de preparo e insatisfação dos colaboradores.
- Há aumento no número de clientes, fornecedores ou parceiros, e elevam-se as exigências em atendê-los por meio de relacionamento de proximidade.
- Oferecem-se produtos e serviços complexos e há duplicação de tarefas.
- Não há visão dos processos ponta a ponta, gerando lacunas e falta de padronização e clareza quanto a responsabilidades.
- Ocorre introdução ou eliminação de sistemas de informação.

É nesse sentido que a modelagem organizacional permite entender requisitos organizacionais que interferirão nos sistemas e identificar as alternativas para os vários processos da organização.

Os métodos de modelagem utilizados para representar as empresas precisam relacionar a estrutura das informações e dos processos com os negócios e objetivos organizacionais. Diversas arquiteturas e *frameworks* de modelagem de empresas têm sido propostos. A maioria representa apenas uma visão específica da empresa (Mancuso; Edelweiss, 2002).

O termo "arquitetura" refere-se a um conjunto organizado de elementos que se relacionam claramente um com o outro e que juntos formam um arcabouço definido para sua finalidade. O termo *framework* refere-se a uma coleção de elementos colocados juntos segundo algum propósito. Um *framework* para modelagem empresarial é formalizado a partir da definição do escopo, conceitos e métodos necessários à modelagem de uma empresa de manufatura. Portanto, *framework* se apresenta como um termo mais geral que arquitetura, para o qual arquiteturas diferentes podem ser propostas. Metodologia é um conjunto de métodos, modelos e ferramentas a serem utilizadas de forma estruturada para solucionarem problemas (Vernadat, 1996).

As arquiteturas da referência são os paradigmas intelectuais que facilitam a análise, discussão e especificações exatas de uma dada área de discurso. Fornecem uma maneira de visualizar, compreender e abordar o assunto (Vernadat, 1996). As seguintes arquiteturas de referência são citadas como as mais representativas e partem da identificação de processos de chão de fábrica: ISO (*International Standard Organization*); CEN (Comitê Europeu para Padronização) ENV (*European Prestandard*) 40 003; ARIS (Arquitetura para Sistemas de Informação Integrada); CIMOSA (Sistema Europeu de Arquitetura Aberta para Manufatura Integrada por Computador); PERA (*Purdue Enterprise Reference Architecture*).

As arquiteturas mencionadas a seguir partem da identificação de processos de chão de fábrica.

ISO, framework de modelagem empresarial

O trabalho sobre ISO em modelagem e integração de empresas incide sobre o escopo do *Technical Committee* TC 184 (ISO TC 184), *Sub-Committee 5* (SC5), *Working Group 1* (WG1) em arquiteturas de sistemas, grupo esse que se encontra em atividade desde 1986, sendo o responsável pelo trabalho em integração e automação industrial do ISO TC 184 (Vernadat, 1996).

Um modelo referencial para padrões da produção do chão de fábrica foi documentado e editado em duas partes. A parte 1 descreve um modelo referencial para padronização e uma metodologia para identificação de requerimentos padrões para automatização industrial. A parte 2 aborda a aplicação do modelo referencial e da metodologia nas áreas em geral da automação industrial e na produção do chão de fábrica. O modelo referencial ISO, descrito na parte 1, é estruturado segundo três submodelos (Vernadat, 1996):

1. Um contexto para produção do chão de fábrica, que identifica as principais funções (finanças, sistema de ordem de vendas, MRP, engenharia/CAD, produção e estocagem) das distintas partes da manufatura e os principais fluxos de informações ao longo dela.
2. O modelo de produção do chão de fábrica (SFPM).
3. O modelo genérico de atividades (GAM), o qual descreve atividades e fluxos (materiais, informações e recursos) por meio das atividades.

CEN ENV 40 003

O ENV 40 003 foi preparado pelo Comitê Europeu para Padronização (*CEN/CENELEC AMT/ WG-ARG Working Group on CIM Systems Architecture*). Passou a ficar sob responsabilidade do *CEN Technical Committee TC310 Working Group 1*. O objetivo desse grupo de trabalho é assegurar que as exigências da indústria europeia sejam encontradas, de forma que a vantagem possa advir da padronização para a modelagem empresarial e do uso do desenvolvimento ambiental que influenciará a organização industrial e o gerenciamento e manufatura para melhorar a eficiência. O ENV 40 003 estrutura-se segundo três dimensões (Vernadat, 1996):

1. Dimensão genericity – o ENV 40 003 define três níveis genericity: (1) o genérico, que define a base para a construção da modelagem segundo os componentes, obstáculos, regras, termos, serviços, funções e protocolos; (2) o parcial, que contém modelos parciais; e (3) o particular, que descreve a empresa segundo conhecimentos específicos, utilizando para isso o nível genérico.

2. Dimensão dos modelos – o ENV 40 003 reconhece três tipos de modelos: (1) o modelo de requerimentos, que define as operações a serem realizadas na empresa, com terminologias, informações, recursos, requerimentos, responsabilidades e autoridades sem estar referenciando-se a opções e decisões de implementação; (2) o modelo de design, que especifica como as operações da empresa deverão ser realizadas; (3) o modelo de implementação, que descreve os significados e as regras a serem utilizadas na execução das operações empresariais definidas no modelo de requerimentos.

3. Dimensão das visões – define a perspectiva ou ponto de vista a serem considerados para que a empresa atinja seus propósitos, focalizando alguns aspectos e escondendo aspectos irrelevantes, a fim de reduzir a complexidade. O ENV 40 003 define quatro visões: (1) a visão da função; (2) a visão da informação; (3) a visão do recurso; e (4) a visão da organização.

CIMOSA

A meta do CIMOSA é ajudar as empresas a gerenciar mudanças e integrar seus meios e operações para alcançar a competitividade global em preço, qualidade e entrega. A base para alcançar esse ponto é o modelo de integração empresarial (Vernadat, 1996).

O CIMOSA introduziu a abordagem baseada nos processos para modelagem integrada de empresas, ignorando barreiras organizacionais e em oposição às abordagens por função baseadas em atividades (Vernadat, 1996). Fornece um *framework* arquitetural, tanto para a modelagem empresarial quanto para integração empresarial, o qual engloba, segundo Vernadat: uma definição geral do escopo e natureza do CIM; guia de implementação; descrição dos sistemas e subsistemas constituintes; um *framework* modular que obedece a padrões internacionais (Kosanke; Kleuers, 1990). A Figura 2.4 representa a lógica do CIMOSA.

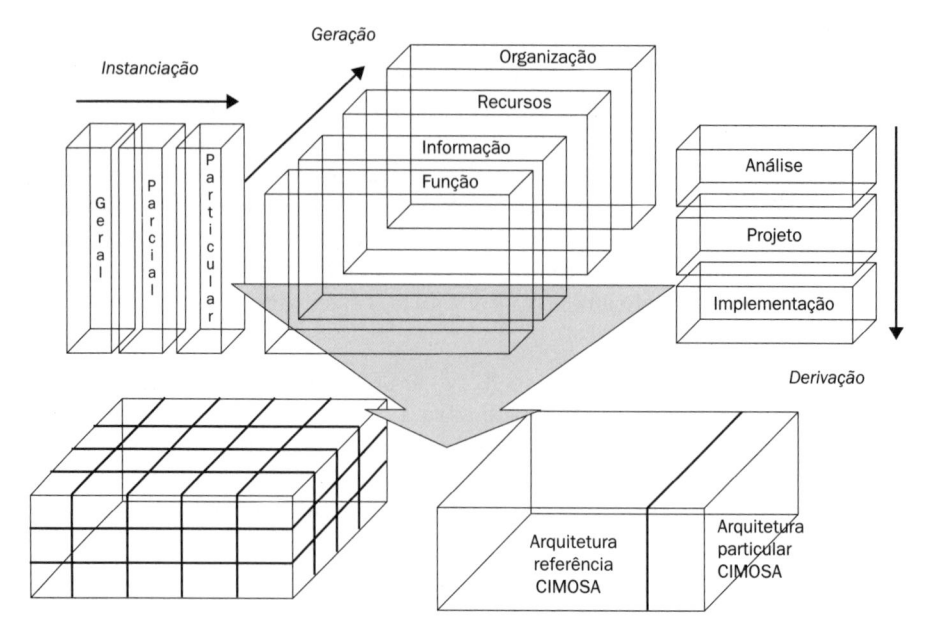

FIGURA 2.4 Representação da lógica do CIMOSA. Fonte: Vernadat (1996).

O CIMOSA apoia a modelagem organizacional evolucionária, fazendo a modelagem de domínios individuais da empresa (DM), que pode conter um ou vários processos individuais (P-1, P-2,...). Os domínios e processos são definidos pelo usuário de acordo com suas necessidades de controle das operações de negócio. Os processos podem ser definidos como peças significativamente grandes de funcionalidades que produzem certo resultado final para um cliente definido. Os clientes podem ser externos ou internos à empresa (Kosanke; Vernadat; Zelm, 1999).

O CIMOSA modela os ambientes externo e interno da empresa (em termos de eventos e resultados). As relações entre os vários modelos individuais são feitas por ligações. O conceito geral separa funcionalidades (EA = Atividade Empresarial) e comportamento (BRS = Lista de Regras de Comportamento), permitindo uma mudança sem ter que alterar outra. Os processos são disparados por eventos (por exemplo, chegada de uma ordem do cliente) e completados para produzir o(s) seu(s) resultado(s) final(is). A produção do resultado final pode iniciar um outro processo (por exemplo, embarque) ou ser usada para sincronizar outros processos. Uma vez determinado o domínio do negócio a ser modelado (uma ordem de processamento) e suas relações com o seu ambiente (clientes e fornecedores), identifica-se o processo individual que se comunica com o processo de negócio (P1-3) e suas atividades (EA4). As entradas podem definir os elementos a serem processados (materiais/partes, informação),ou seja, os recursos necessários para processar e controlar a informação do processamento para uma atividade particular. As saídas serão o resultado e as posições finais das atividades e os recursos. (Kosanke; Vernadat; Zelm, 1999)

O BRS identifica as condições sob as quais atividades diferentes serão iniciadas. Os processos de negócio serão iniciados por eventos (ordens). Entretanto, o início da atividade atual pode ser diferente para eventos diferentes (ordem de chão de fábrica A – EA1 e ordem de chão de fábrica B – EA3). Os resultados do processo podem ser também produzidos por diferentes atividades e em períodos diferentes (EA2 – produto A e EA4 – produto B). Os eventos e os resultados podem ser trocados com parceiros externos (clientes e fornecedores) ou entre processos de negócio diferentes. (Kosanke; Vernadat; Zelm, 1999). A Figura 2.5 apresenta um exemplo.

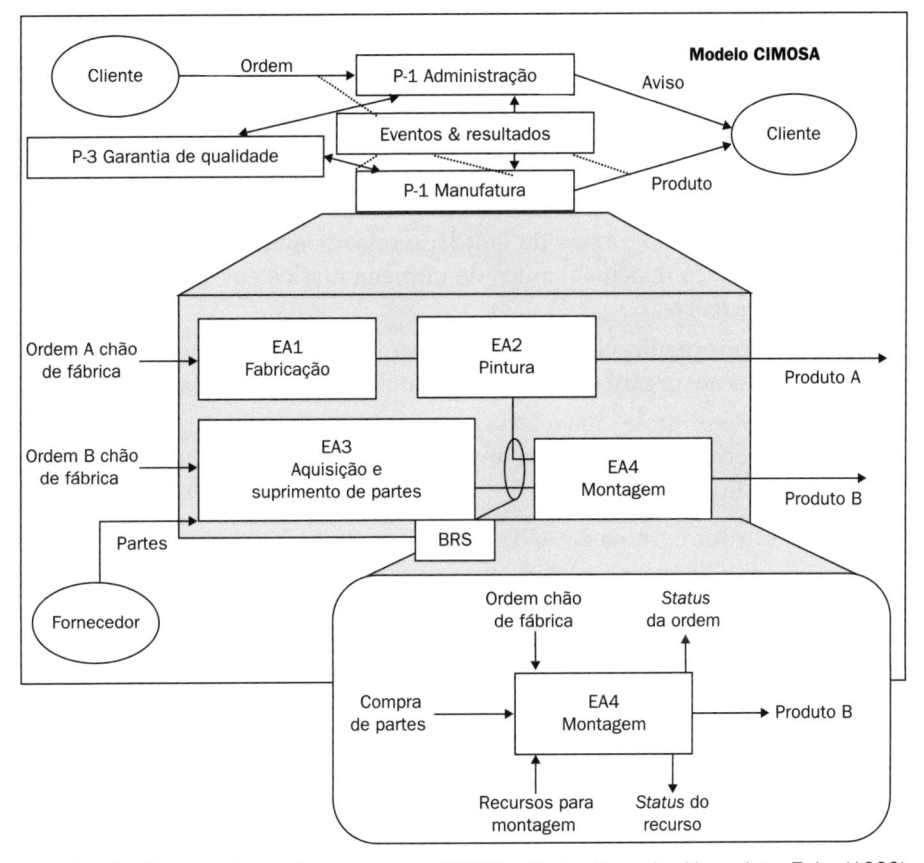

FIGURA 2.5 Exemplo de modelagem com o CIMOSA. Fonte: Kosanke, Vernadat e Zelm (1999).

ARIS

O ARIS (*Arquitetura para Sistemas de Informação Integrada*) foi desenvolvido por Wilhen Scheer da Universidade de Saarbrücken, na Alemanha. Sua estrutura como um todo é bem similar ao CIMOSA. É estruturado segundo quatro visões e três níveis de modelagem. Os três níveis de modelagem são os mesmos do CIMOSA (Vernadat, 1996):

1. Definição de requerimentos, que expressa as necessidades do negócio percebidas pelo usuário.
2. Especificação do design, para construir um formal, conceitual e executável modelo do sistema da empresa (tempo é levado em conta).
3. Descrição da implementação, para documentar detalhes da implementação, recursos instalados, levando-se em conta sistemas não determinados.

O ARIS é uma arquitetura aberta, uma vez que o formalismo utilizado nas várias visões e níveis da arquitetura pode ser alterado. A arquitetura ARIS é apoiada por uma ferramenta chamada ARIS *Toolset*. As quatro visões que a estruturam são as seguintes:

1. A visão das funções, utilizada para definir o modelo de função como uma hierarquia de funções, para então especificá-las em termos de estruturogramas e módulos de programa e, finalmente, gerar o código dos programas.
2. A visão dos dados, utilizada para definir modelo de dados semânticos (em termos de diagramas de entidade-relacionamento) e então traduzi-los em um esboço relacional antes de implementá-los em um sistema de banco de dados físicos.
3. A visão organizacional, utilizada para definir a estrutura da empresa resumida por um organograma, a rede topológica e a rede física de implementação.
4. A visão controle, que relaciona a arquitetura a outras três visões, reunindo-se os processos de negócios, implementados como sucessões lógicas de programas de execução.

O estruturograma do ARIS é apresentado na Figura 2.6.

A ARIS tornou-se a arquitetura mais empregada por alguns sistemas ERP.

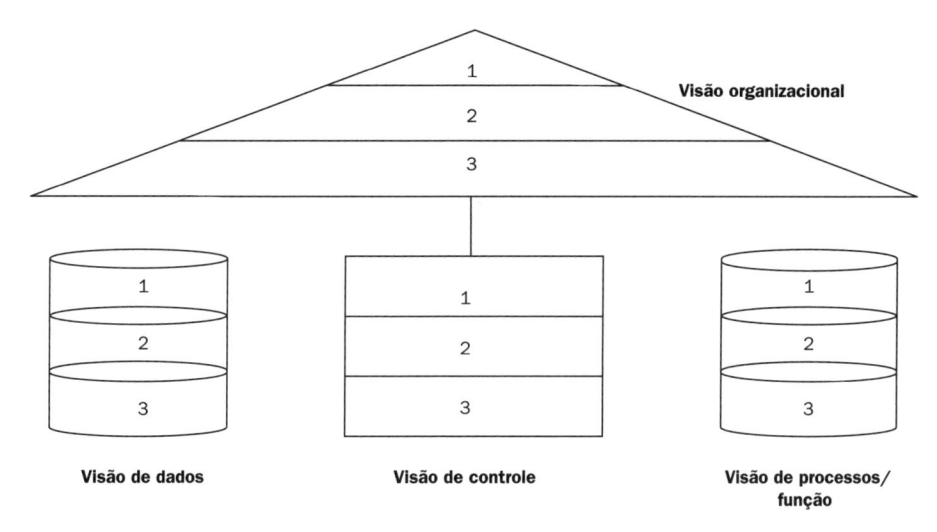

Legenda:
1. Definição de requisitos
2. Especificação de projeto
3. Descrição de implementação

FIGURA 2.6 Estruturograma do ARIS. Fonte: Vernadat (1996).

PERA

O PERA (*Purdue Enterprise Reference Architecture*) e a metodologia relacionada a ele foram desenvolvidos pela Universidade de Purdue em 1989. O PERA é caracterizado pela sua estruturação em camadas, criadas para cobrir o ciclo de vida completo da empresa, desde as definições iniciais e missões, descendo a seus níveis operacionais até a obsolescência da planta final. Cada camada define uma fase de tarefa. Cada fase é informalmente descrita por um documento técnico como um conjunto de procedimentos para conduzir o grupo de usuários por todas as fases do programa de integração empresarial (Vernadat, 1996).

Primeiramente, o PERA se apresenta como uma metodologia completa. É apoiado por um simples formalismo gráfico e um manual de fácil compreensão, por ter sido desenhado para a educação dos usuários sem necessária utilização computacional. De fato, os próprios usuários devem poder aplicar a metodologia em suas empresas (na parte ou sistema a ser analisado) (Vernadat, 1996).

Os conceitos do programa de integração de empresa são os seguintes (Williams, 1997):

1. As simplificações iniciais do CIM (*Computer Integrated Manufacturing*) dos conceitos de integração de empresa estavam direcionadas para a manufatura discreta, mas esses conceitos podem ser aplicados a qualquer tipo de empresa na área de sistemas de engenharia.
2. Nenhuma empresa pode existir por muito tempo sem um negócio ou missão, ou seja, ela deve produzir "produto(s) ou serviço(s) desejado(s) pelo(s) consumidor(es)", em competição com outras empresas.

3. Há duas classes básicas de funções envolvendo a operação de qualquer empresa: os envolvidos nas operações de "processos" que resultam em produtos que cumprem o conceito 2; e os envolvidos em operações de "controle" da missão para assegurar um ganho "ótimo" competitivo.
4. As transformações de informações de dados ou tarefas são usualmente operações sucessivas formando sequências de redes paralelas e sequenciais.
5. O mesmo é válido para tarefas de transformação de material e energia para completa produção física ou requisitos de operações de planta da empresa.

Em cada caso, as redes envolvidas podem ser combinadas para realizar uma rede maior de cada tipo (transformações informacionais ou de materiais e de energia, respectivamente).

Há uma interface de duas redes nestas tarefas: as redes que desenvolvem um estado de operação variável ou *status* dos processos de manufatura (sensores) e as redes que entregam comandos operacionais para unidades operacionais.

As análises funcionais iniciais de uma ou ambas classes de funções podem ser realizados sem conhecimento de como eles serão implementados na operação da empresa.

Por várias razões tecnológicas, econômicas e sociais, seres humanos participam da implementação e execução de muitos processos de negócio de todos os tipos. Em outros casos, podem ser automatizados ou mecanizados. Há três classes de processos de negócios e tarefas implementadas:

a) Aquelas do tipo informação e controle, que podem ser "automatizadas" por computadores ou outras formas de "controles".

b) Aquelas que envolvem processos de negócio ou tarefas missão, que podem ser automatizadas por um equipamento específico.

c) Aquelas funções realizadas por humanos, quer sejam de controle ou da classe de cumprimento da missão.

Todas as empresas seguem um "ciclo de vida" de seus conceitos iniciais por uma série de estágios ou fases, incluindo seus desenvolvimentos, projeto, construção, operação e manutenção, reinvenção ou obsolescência e venda final. O ciclo de vida aplicado em uma empresa também pode ser aplicado para o desenvolvimento das empresas ou produtos resultantes. Por exemplo, uma planta industrial produzirá o seu próprio produto. O produto também terá o seu próprio ciclo de vida, que seguirá passos similares aos discutidos aqui.

Uma vez que a integração das informações, produtos dos clientes e funções de serviço de uma empresa tenham sido apropriadamente planejados (o Plano Mestre), a implementação pode ser quebrada em uma série de projetos coordenados, inseridos nas capacidades financeiras, físicas e econômicas da empresa, as quais podem ser realizadas com esses recursos conforme os requisitos do Plano Mestre forem seguidos. Quando esses projetos são completados, a integração desejada também estará pronta.

Todas as tarefas devem ser definidas no padrão modular, juntamente com as interconexões necessárias. Futuramente, elas podem ser mudadas internamente por outras tarefas que realizam funções similares, mas de maneira diferente. As tarefas futuras podem ser implementadas no padrão modular, podendo ser mudadas internamente. A escolha desses métodos pode ser definida por um projeto independente e por técnicas de otimização de acordo com as especificações. As interconexões no padrão modular podem ser consideradas interfaces.

Um diagrama ou outra representação descrevendo o inter-relacionamento de todas as tarefas, redes e processos apontados anteriormente, arranjados em seus respectivos lugares, em várias fases do desenvolvimento ou ciclo de vida da empresa, pode ser chamado "Arquitetura". A aplicabilidade da Arquitetura pode ser expandida para cobrir todos os tipos possíveis de empresas. As fases do PERA para criar a Arquitetura baseiam-se na definição da empresa, engenharia preliminar, engenharia detalhada, construção, operação e manutenção, renovação e disposição de recursos.

Na fase de *definição da empresa,* é feito um estudo de viabilidade que inclui a definição da empresa em si, pesquisa de mercado e plano de negócio. Além disso, elabora-se um projeto piloto em engenharia composto pela engenharia conceitual e o projeto piloto de tecnologia de informação combinados com recursos humanos e organizacionais no plano piloto da empresa.

Na fase de *engenharia preliminar,* é feita uma planta física, lógica e uma estrutura dos recursos humanos, que pode ser representada pelo diagrama de arquitetura de sistema.

Na fase de *engenharia detalhada,* há o projeto da planta física (tridimensional), da configuração de *software* e da programação, com a aquisição de materiais e restrições de serviço.

Na fase de *construção,* ocorre a construção, instalação, treinamento e administração de conflitos e recebimento de materiais e sistemas, com o suporte logístico para os materiais para a construção.

Na fase de *operação e manutenção,* são feitas as atualizações na planta física e nos sistemas, e promove-se a capacitação periódica dos funcionários.

Na fase de *renovação,* as instalações e os sistemas podem sofrer alterações.

Na fase de *disposição de recursos,* pode haver uma reestruturação completa da forma como os recursos físicos e humanos são utilizados, chegando até a sua finalização.

A Figura 2.7 apresenta a forma geral da arquitetura PERA, como representação do conceito.

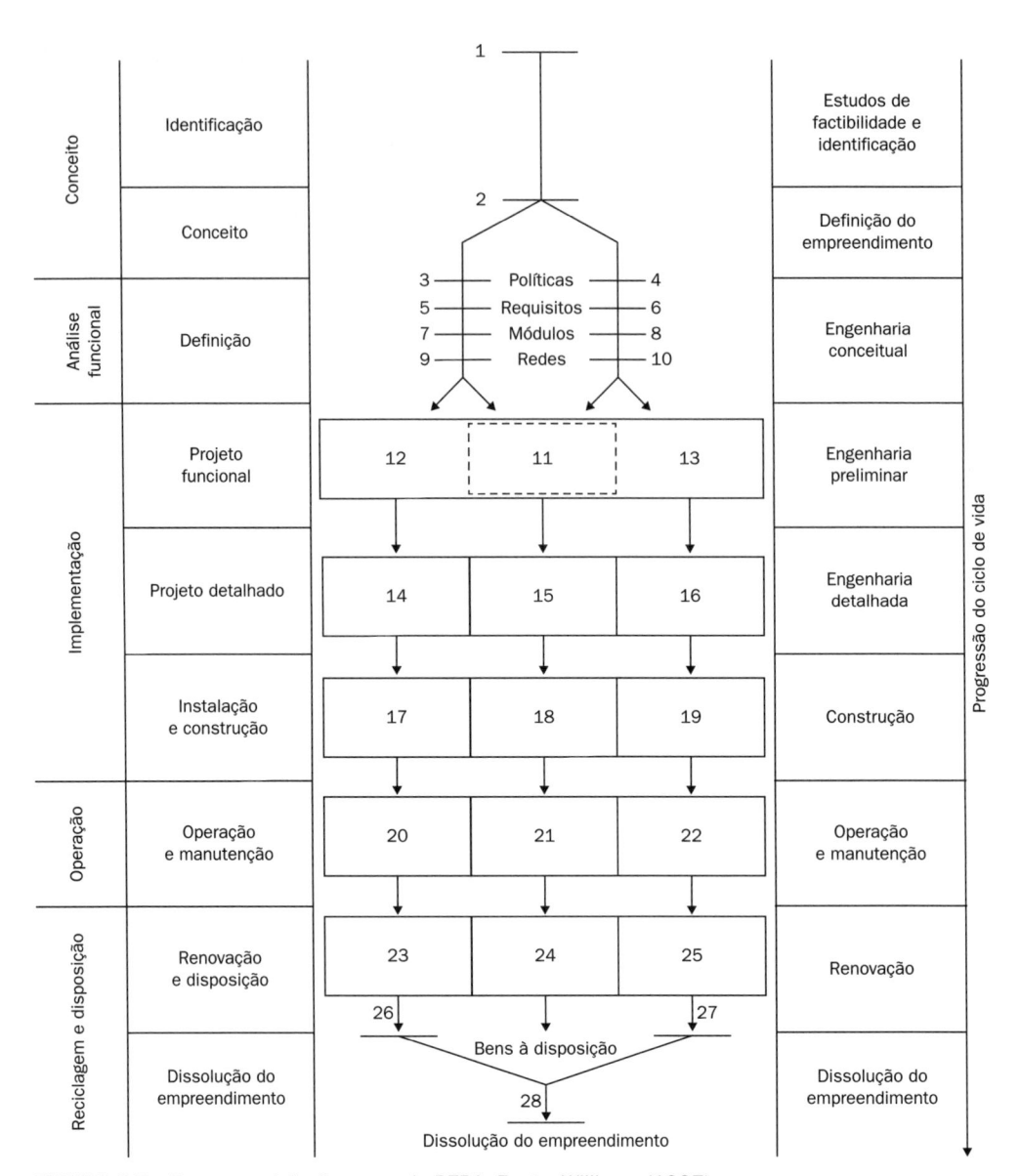

FIGURA 2.7 Forma geral do diagrama do PERA. Fonte: Williams (1997).

Modelagem organizacional como forma de desenvolvimento de gestão do conhecimento

Dalkir (2005) define a gestão do conhecimento como a coordenação deliberada e sistemática das pessoas, tecnologias, processos e estrutura de uma organização, com o objetivo de agregar valor por meio da reutilização do conhecimento e da inovação.

Segundo Arora (2002), a gestão do conhecimento tem como principais objetivos: evitar reinventar a roda nas organizações e reduzir a redundância das atividades baseadas em conhecimento, potencializando para isto a reutilização dos ativos de conhecimento existentes; ajudar a organização na contínua inovação de novo conhecimento que posteriormente possa ser explorado e que crie valor; e ajudar no incremento constante do nível de competência dos funcionários.

A modelagem organizacional como forma de desenvolvimento de gestão do conhecimento é baseada na metodologia *Enterprise Knowledge Development* (EKD), que foi aplicada inicialmente no contexto do projeto ESPRIT ELEKTRA, em virtude dos conhecimentos obtidos a partir do projeto ESPRIT ELKD.

Metodologia de modelagem organizacional EKD

O EKD apresenta uma grande facilidade de uso, além da notação utilizada ter como principal objetivo ser compreendida por todos os usuários sem requerer muito treinamento. Pode ser utilizado em situações diferentes e com propósitos diferentes (Pádua, 2001). Nesse contexto, segundo Rolland, Nurcan e Grosz (2000), o *Enterprise Knowledge Development* (EKD) se apresenta como uma metodologia que fornece uma forma sistemática e controlada de analisar, entender, desenvolver e documentar uma organização e seus componentes, usando a modelagem organizacional.

O objetivo do uso do EKD é fornecer uma descrição clara e não ambígua de como a organização funciona atualmente; de quais são os requisitos e as razões para a mudança; de quais alternativas deveriam ser criadas para encontrar esses requisitos; e de quais são os critérios e argumentos para avaliação dessas alternativas (Rolland; Nurcan; Grosz, 2000).

O EKD é composto de submodelos conceituais que examinam uma organização e suas exigências a partir de perspectivas inter-relacionadas. Esses submodelos são abstrações do mundo físico. Para uma dada empresa, eles constituirão coletivamente o modelo da empresa, cada um representando um aspecto da organização. Os tipos de submodelos são: (1) modelo de objetivos; (2) modelo de atores e recursos; (3) modelo de regras do negócio; (4) modelo de conceitos; (5) modelo de processos de negócios; e (6) modelo de requisitos e componentes técnicos (Bubenko Jr.; Pesson; Stirna, 2001b). A Figura 2.8 apresenta a articulação entre os submodelos.

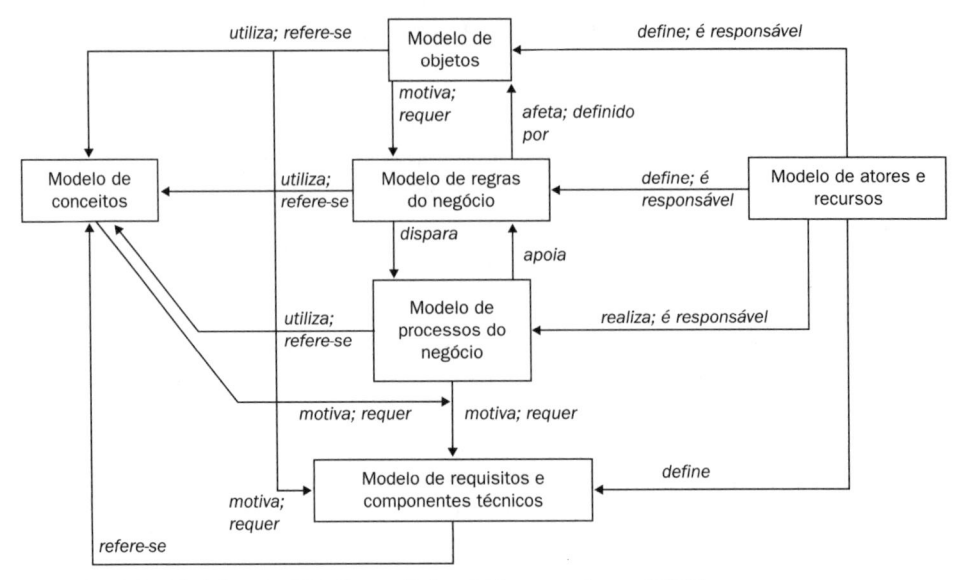

FIGURA 2.8 Modelos do EKD. Fonte: Rolland, Nurcan e Grosz (2000).

A elaboração da modelagem organizacional, baseada na metodologia EKD, tipicamente envolverá estrategistas, gerentes táticos e todo o pessoal operacional que, juntamente com os facilitadores e técnicos (familiarizados com o EKD), irão engajar o processo de diagnosticar (modelar a situação vigente e as mudanças requeridas); de entender (interpretar, compreender, racionalizar, deliberar e discutir o estado atual e futuro desejado da organização) e de desenhar (discutir e modelar as situações alternativas futuras e os cenários desejados).

O modelo organizacional resultante possibilita que os tomadores de decisão mantenham-se informados e sejam hábeis para agir perante estratégias futuras da organização, táticas e objetivos.

Por meio da utilização dessa metodologia de modelagem organizacional pode-se: melhorar o negócio, facilitando a aprendizagem e comunicação organizacional; desenvolver uma descrição estruturada do negócio para que os analistas da organização possam discutir e determinar mais claramente os objetivos e requisitos dos sistemas; e produzir um documento (chamado repositório de conhecimento), que pode ser utilizado para raciocinar sobre o negócio, discutir mudanças e componentes do sistema de informação e traçar a cadeia de componentes e decisões que possibilitam diversas interpretações do sistema de informação.

Conforme mencionado anteriormente, os submodelos do EKD são vários e com diferentes objetivos. A seguir são apresentados os submodelos do EKD conforme Bubenko Jr., Stirna e Brash (1998).

O *modelo de objetivos* visa a descrever as metas, detalhando o que a organização e seus empregados querem atingir, ou evitar, e quando desejam que isto ocorra. As metas esclarecem questões como: onde a organização deveria mudar (melhorar); quais as respectivas prioridades a serem atingidas; e como essas metas relacionam-se umas com as outras. Similarmente há, também, as oportunidades, geralmente detectadas no ambiente externo à organização, podendo oferecer possibilidades de vantagens competitivas. O desenvolvimento do modelo de objetivos é orientado apenas para o negócio, sem considerar o desenvolvimento de sistemas de informação, pois isto é especificamente tratado por outro modelo. A operacionalização das metas encoraja a organização a realizar sucessivos refinamentos, com apoio da criatividade e dinamismo.

O *modelo de regras de negócio* define e explicita claramente as regras estipuladas no negócio, mostrando suas inter-relações com os objetivos. As regras do negócio podem ser vistas como a operacionalização ou a limitação das metas. Elas controlam a organização de tal forma que definem e limitam ações a serem tomadas. Além disso, formam uma hierarquia em que as regras de baixo nível definem a forma como as regras de alto nível devem ser implementadas.

O *modelo de processos de negócio* analisa cada processo e fluxos da informação contida no negócio, bem como suas respectivas interações. Os processos podem ser decompostos em subprocessos e são inicialmente motivados pelas metas organizacionais do modelo de objetivos. O modelo de processos de negócio descreve as atividades e funções organizacionais. No geral, é similar aos fluxogramas de processos e, dependendo das intenções da modelagem organizacional, pode, além de descrever os processos existentes, explicitar futuros processos a serem executados.

O *modelo de atores e recursos* define todos os tipos de atores e recursos envolvidos nas atividades organizacionais, de forma a descrever e indagar como diferentes atores e recursos se relacionam entre si e também como estes se relacionam com os componentes do modelo de objetivos e do modelo de processos de negócio. Pela análise do modelo de atores e recursos e seus relacionamentos com os outros modelos (de objetivos e de processos), pode-se notar como diferentes atores mostram sua interdependência como, por exemplo, ao executar alguma tarefa ou processo.

O *modelo de conceitos* define todos os componentes dos modelos anteriores, podendo ser considerado uma espécie de "dicionário de dados", esclarecendo todas as expressões utilizadas de forma a não haver possibilidade de inconsistências e falhas de interpretação por parte de todos os envolvidos. A abordagem pode ser feita por meio de fluxogramas ou simplesmente por uma descrição. A escolha não afetará o processo de modelagem. No entanto, a linguagem utilizada deve ser, da mesma forma que nos outros modelos, amigável e de fácil compreensão.

O *modelo de requisitos e componentes técnicos* determina quais devem ser as estruturas e propriedades do futuro sistema de informação para apoiar as atividades definidas no modelo de processo de negócio e, consequentemente, atingir as metas e propósitos dos modelos de objetivos e regras respectivamente. Desse modo, o modelo de requisitos e componentes técnicos permite explicitar o potencial da tecnologia de informação para melhoria do processo e esclarecer os requisitos gerados pelos processos de negócio.

Considerações finais

A modelagem organizacional de certa forma retoma aspectos do projeto organizacional, oriundo do movimento da contingência.

A motivação para a elaboração do projeto organizacional é a procura pela definição de elementos da teoria administrativa pertinentes à realidade específica de uma determinada empresa. A motivação da modelagem organizacional é a compreensão de como as atividades, atores e recursos se organizam.

Observa-se que tanto o projeto organizacional quanto a modelagem organizacional possuem a mesma finalidade, embora partam de referenciais teóricos diferentes. Enquanto a teoria administrativa possui uma clara contribuição de diversas áreas de conhecimento (engenharia, psicologia, psicologia social, sociologia e da própria administração), a modelagem organizacional teve uma grande contribuição de acadêmicos relacionados apenas à área de computação e engenharia.

As diferentes perspectivas de modelagem organizacional apresentadas nesse capítulo permitem uma conclusão que alinha a aplicabilidade de tais metodologias.

A visão sistêmica é uma premissa básica para a aplicação de qualquer metodologia de modelagem organizacional. Enquanto a metodologia de sistemas *soft* (SSM) parte do pressuposto de inserir o problema de natureza administrativa em um contexto mais amplo, para facilitar a sua compreensão, a metodologia de dinâmica de sistemas (SD) permite visualizar o fluxo caracterizado por entradas, processo e saída, bem como avaliar os efeitos decorrentes de alterações nos dados de entrada.

A visão por integração de empresas procura compatibilizar a visão por processos de negócio com a visão da estrutura organizacional da empresa. O mapeamento dos processos operacionais da empresa permite intervenções com o intuito de promover a integração e é apoiada pela utilização e a definição de modelos de referência com a utilização de *software* de apoio.

A gestão do conhecimento baseada na metodologia *Enterprise Knowledge Development* (EKD) incorpora a visão sistêmica e a necessidade de representar a empresa por diferentes visões que partem dos processos de negócio. Os processos de negócio são definidos e operacionalizados por atores e recursos. Os atores e recursos definem os objetivos organizacionais. Os objetivos organizacionais são assegurados pelo cumprimento de regras de negócio. As regras de negócio disparam os processos de negócio. A partir desse conjunto de visões e da compreensão comum de conceitos, capturam-se os requisitos para o desenvolvimento de sistemas de informação.

A metodologia EKD prescinde de um *software* para a elaboração de modelagem. A intenção dos autores da metodologia foi facilitar a compreensão dos submodelos por parte dos clientes que não necessitam de conhecimento técnico sobre o assunto para compreender os modelos. O processo de modelagem pode ser feito com uma folha de papel em branco, um lápis e uma borracha. No caso de envolver um grupo de pessoas para o desenvolvimento dos submodelos, pode-se utilizar *post-its* colocados na lousa, conforme as sugestões são feitas.

O relacionamento entre os diferentes submodelos da metodologia EKD permite que um mesmo objeto de análise seja abordado sob seis pontos de vista complementares. Os submodelos da metodologia EKD não existem separadamente. São fruto de um processo interativo e iterativo de modelagem que ao final garante uma visão sistêmica do problema administrativo.

A metodologia EKD orientada para a gestão de mudança foi proposta por Nurcan e Rolland (2003) e ficou conhecida como EKD-CMM (*Enterprise Knowledge Development – Change Management Method*). O EKD-CMM está baseado em quatro fases. Na primeira fase, modela-se o estado atual da empresa (modelo "*como é*"). Na segunda fase, definem-se as mudanças necessárias na empresa. Na terceira fase, elabora-se o modelo do estado futuro (modelo "para ser"). Na quarta fase identifica-se o contexto existente durante a implementação da mudança.

A maior dificuldade para o desenvolvimento de um novo sistema de informação é o levantamento dos requisitos necessários compatíveis com as necessidades da empresa. O desenvolvimento dos submodelos da metodologia EKD é feito de forma que a cada submodelo desenvolvido seja necessário verificar a consistência dos demais modelos, o que garante um nível adequado de conformidade que facilita a declaração dos objetivos do sistema de informação e os requisitos que deve cumprir. A metodologia EKD faz a ligação entre os requisitos organizacionais e os requisitos do sistema de informação de forma bastante explícita.

Os capítulos seguintes abordam da teoria organizacional necessária para fundamentar a utilização dos seis submodelos de metodologia EKD. A definição da metodologia EKD como linha mestra dos capítulos a seguir, baseou-se na facilidade de utilização da metodologia, pois não é necessário o utilização de *software* de apoio; à visão sistêmica que a metodologia garante ao explicitar como os modelos se relacionam; à possibilidade de aplicar a metodologia EKD como uma metodologia de gestão de mudança; à ligação inerente que a metodologia EKD possui com a Engenharia de Software ao propiciar a definição dos objetivos do sistema de informação e os requisitos funcionais e não funcionais que o sistema deve cumprir.

3
Processos de negócio

Os processos de uma empresa podem ser abordados sob diferentes perspectivas, no âmbito operacional e gerencial.

No âmbito operacional, os processos estão relacionados ao desenvolvimento do produto, à aquisição do cliente, identificação das exigências do cliente, fabricação, logística integrada, gerenciamento de pedidos, serviço de vendas pelo correio.

No âmbito de gerenciamento, os processos estão relacionados ao monitoramento do desempenho, gerenciamento das informações, gerenciamento das avaliações, gerenciamento dos recursos humanos e planejamento e alocação dos recursos.

Entretanto, apesar de muitos processos terem o escopo do seu desenvolvimento determinado pela unidade funcional, grande parte dos processos é transversal, transorganizacional, interfuncional ou interdepartamental. Esse é o caso dos processos de negócio.

Em geral, as empresas identificam os processos de negócios considerando a satisfação de um pedido, desde o instante do pedido do cliente até a entrega do produto. Os processos de negócio agregam valor ao cliente, não pertencem a um determinado departamento e não envolvem muitos produtos.

Os modelos organizacionais estão baseados nos processos de negócio. A visão por processos de negócios permite identificar as políticas de gerenciamento, fluxos de documentação e de processos operacionais, de manufatura, administrativos e regulamentações.

A integração interempresarial ocorre a partir da integração dos processos de negócios de uma dada empresa aos processos de negócios de outra, ou mesmo o compartilhamento de partes dos processos de negócios por diferentes cooperações empresariais. A integração dos processos de negócios é responsável pela integração empresarial.

A gerência por processos de negócios, em certa medida, rompe com a visão funcional da empresa, ao direcionar os esforços da gerência para a cadeia de valor na qual o produto ou serviço está inserido, com o objetivo de maximizar a agregação de valor para a satisfação do cliente. Mas ainda não é possível afirmar que a gerência por processos pode prescindir do modelo burocrático weberiano, que adotou o princípio da organização militar para a definição da hierarquia, autoridade e liderança. Entretanto, a gerência por processos de negócio pode dinamizar o papel da média gerência.

Sennett (2005) propõe uma releitura do modelo burocrático weberiano. Em meados do século XIX, o capitalismo ainda não havia adquirido dinâmica consistente, o que, de fato, ocorreu no período de 1860 a 1960 com o modelo de organização militar. A administração científica de Frederick Taylor aproxima as organizações industriais das organizações militares. A organização burocrática apresentou resultados mais eficientes do que o mercado. A estabilidade no emprego, o fazer parte de uma estrutura social maior, possibilitou às pessoas viverem as suas vidas como uma "narrativa" (Sennett, 2005).

Leavitt (2005) explora as relações entre hierarquia, autoridade e a vida profissional de líderes contemporâneos nas organizações, especialmente no nível gerencial intermediário. De uma maneira geral, Leavitt (2005) reconhece que a hierarquia é necessária para que a organização burocrática continue a existir, mas que cabe à média gerência assumir um papel mais proativo, fazendo a ligação entre a alta administração e a produção, atuando como facilitadora, incentivadora e implementadora.

Para Sennett (2005), contudo, o aperfeiçoamento das tecnologias de comunicação e manufatura coloca em xeque as estruturas organizacionais militarizadas. Há um descompasso entre a realidade imposta pelo paradigma da tecnologia de informação e as teorias para explicá-la. De acordo também com Tigre (2006): "A maior fragilidade das teorias da firma e de organização industrial existentes é a sua incapacidade de atribuir a importância devida ao papel da mudança tecnológica na configuração da firma e dos mercados."

Há metodologias e ferramentas de modelagem organizacional como uma alternativa para compreender e visualizar os processos de negócio, sistematizar e disponibilizar o conhecimento de uma organização. O objetivo deste capítulo é apresentar o conceito de processo de negócio como uma alternativa analítica da organização e o seu relacionamento com o modelo de processos de negócio da metodologia EKD.

Processo de negócio: definições-chave

Todo trabalho importante realizado nas empresas faz parte de algum processo (Graham; LeBaron, 1994). Não existe um produto ou um serviço oferecido por uma empresa sem um processo. Da mesma forma, não faz sentido existir um processo que não ofereça um produto ou um serviço. A lógica de funcionamento das organizações está acompanhando a lógica dos processos e não mais o raciocínio compartimentado da abordagem funcional. (Gonçalves, 2000a).

Para Rotondaro (1997, p. 59), processo é "[...] uma sequência organizada de atividades, que transforma as entradas dos fornecedores em saídas para os clientes, com um valor agregado pela unidade." Portanto, a geração de um produto ou serviço para um cliente é realizada pela cadeia de um ou mais processos interligados, existindo uma relação entre clientes e fornecedores internos. Os processos são unidades coesas em termos de organização, de pessoal e de processamento de informação, orientadas para um tipo específico de negócio da empresa (Rentes, 1995). Para Association of Business Process Management Professionals (ABPMP) (2009), processo é "[...] um conjunto definido de atividades ou comportamentos executados por humanos ou máquinas para alcançar uma ou mais metas." Eles são compostos por subprocessos, tarefas, atividades ou mesmo funções.

A concepção de processo como um fluxo de trabalho, com entradas e saídas claramente definidas e tarefas discretas que seguem uma sequência e que dependem umas das outras numa sucessão clara, vem da tradição da engenharia. As transformações ocorridas num processo podem ser físicas, de localização e transacionais (transformação de itens intangíveis). A definição de processo pela descrição da transformação de entradas em saídas de valor não é suficiente, uma vez que um processo típico também envolve paradas, transformações, retorno e repetibilidade (Gonçalves, 2000a). Nem sempre os processos empresariais são formados por atividades claramente delineadas em termos de conteúdo, duração e consumo de recursos definidos, além de não precisarem ser consistentes ou realizados numa sequência particular (Morris; Brandon, 1994). Antonucci e colaboradores (2009) definem o processo de negócio como "[...] um trabalho ponta-a-ponta que entrega valor aos clientes [...]", ultrapassando os limites funcionais.

Na visão de Garvin (1995), existem três categorias básicas de processos empresariais:

Processos de negócios: são aqueles que caracterizam a atuação da empresa e que são suportados por outros processos internos, resultando no produto ou serviço que é recebido por um cliente externo.

Processos organizacionais ou de integração organizacional: são centralizados na organização e viabilizam o funcionamento coordenado dos vários subsistemas da organização na busca de seu desempenho geral, garantindo o apoio adequado aos processos de negócios.

Processos gerenciais: são focalizados nos gerentes e nas suas relações.

Segundo Morris e Brandon (1994), os processos podem ser alterados para o progresso da empresa considerando os seguintes fatores: qualidade, custo, eficiência operacional da empresa, serviço, resposta ao cliente e vantagem competitiva. Nesse sentido, Hammer e Champy (1994) afirmam que as empresas precisam organizar os seus trabalhos por processos, considerando três forças que as impelem atualmente: clientes, concorrência e mudança.

A visão de processo de negócio tira o foco da especialização e centra esforços nas ações de generalistas que consigam criar conexões mais claras entre as forças de mercado e as forças das empresas, o que amplia as fronteiras da empresa, abre caminho para planejamentos mais aprimorados e, ao mesmo tempo, mais flexíveis, e melhora a percepção dos nichos de mercados mais interessantes (Rentes et al., 1995).

Conforme Sennett (2005), o foco não está mais no especialista em uma determinada função, mas em um funcionário que consiga resolver com rapidez um determinado problema para que ele possa se dedicar a outros problemas na sequência. Para cumprir esse papel, a organização tem buscado o profissional com aptidão de aprender novas capacitações rapidamente, conseguindo trabalhar bem com qualquer pessoa. As instituições mudam os conteúdos constantemente, e o direcionamento tem sido priorizado para a consecução eficaz de projetos, com um ciclo de vida bem definido.

O estudo de Wynn e colaboradores (2009) mostra que os processos de negócio requerem uma execução com interdependências complexas para atender às necessidades do ambiente. Por exemplo, é possível que certas atividades precisem ser canceladas no meio do processo ou, ainda, que algumas atividades paralelas necessitem de sincronização e espera.

De acordo com Association of Business Process Management Professionals (2009), os processos podem ser classificados entre:

Primário: são aqueles envolvidos com a criação física de um produto e serviço, *marketing* e transferência ao comprador, suporte. Não geram valor direto ao cliente como é o caso, por exemplo, do gerenciamento de TI ou do gerenciamento de RH.

Suporte: são aqueles que podem e geralmente atravessam fronteiras funcionais. Os processos de suporte podem ser fundamentais e estratégicos à organização na medida em que aumentam sua capacidade de efetivamente realizar os processos primários.

Gerenciamento: são aqueles utilizados para medir, monitorar e controlar atividades de negócios. Tais processos asseguram que um processo primário, ou de apoio, atinja metas operacionais, financeiras, regulatórias e legais. Não agregam valor diretamente ao cliente, mas são necessários a fim de assegurar que a organização opere de maneira efetiva e eficiente.

Para identificar e estabelecer prioridades entre processos primários, Oliveira (2009) sugere que os processos primários sejam classificados entre processos-chave e processos críticos. Os processos-chave são os que têm custo elevado para a organização e alto impacto para o cliente. Já os processos críticos são os processos-chave que se relacionam diretamente com a estratégia organizacional.

Os processos são compostos por atividades, e essas podem ser separadas em três categorias (Association of Business Process Management Professionals, 2009): atividade de valor agregado (somam ao resultado do processo); atividades de Handoff (transferem o controle do processo para outra função ou departamento organizacional); atividades de controles (são atividades que checam o desenvolvimento do processo e garantem que os processos ocorram dentro dos padrões desejados e predeterminados).

É importante ressaltar que muitas vezes controles são desenhados para tratar requisitos legais e regulatórios, sem um completo entendimento dos processos ponta a ponta sob controle. Dessa forma, corre-se o risco de ter uma lista enorme de potenciais controles de difícil gerenciamento.

As tarefas que compõem um processo também podem ser classificadas quanto aos seus resultados. Assim, há tarefas de desenho dos processos, tarefas de gerenciamento do cotidiano dos processos e tarefas de melhoria e aprendizado com os processos (Paim et al., 2009).

A capacidade de gerar valor para o cliente está associada a processos primários, quando incluem as atividades que geram valor para o cliente, ou a processos de suporte poio, que garantem o funcionamento adequado dos processos primários (Martin, 1996). É importante ressaltar que os processos primários são os de negócios e que os processos organizacionais e os gerenciais, de acordo com essa definição, são processos de suporte (Gonçalves, 2000a).

Segundo Vernadat (1996), a integração interempresarial é a integração concomitante dos processos de negócios de uma dada empresa com os processos de negócios de outra, ou mesmo o compartilhamento de partes dos processos de negócios por diferentes cooperações empresariais. Infere-se que a modelagem e a integração empresarial são obtidas por meio da modelagem e integração dos processos de negócios (Vernadat, 1996).

Um processo de negócio ocorre internamente nas empresas por meio do desenvolvimento de um conjunto de atividades associadas às informações que manipula, utilizando os recursos e a organização da empresa. Além disso, esse processo forma uma unidade coesa e deve ser focalizado em um tipo de negócio, que normalmente está direcionado a um determinado mercado ou cliente com fornecedores bem definidos (Rozenfeld, 1996). Nessas condições, um processo de negócio representa o que os atores organizacionais fazem para alcançar os objetivos empresariais (Kavakli; Loucopoulos, 1999). Os processos de negócio estão ligados à essência do funcionamento da organização (Dreyfuss, 1996 apud Gonçalves, 2000a), e a interfuncionalidade é uma característica importante.

Embora alguns processos sejam inteiramente realizados dentro de uma unidade funcional, a maioria dos processos importantes das empresas (especialmente os processos de negócios) atravessa as fronteiras das áreas funcionais. Por isso mesmo, são conhecidos como processos transversais, transorganizacionais, interfuncionais ou interdepartamentais. Também são conhecidos como processos horizontais, já que se desenvolvem ortogonalmente à estrutura vertical, típica das organizações estruturadas funcionalmente. Enquanto os times verticais correspondem aos componentes funcionais, geográficos e comerciais da empresa, como é o caso da equipe de vendas, os times horizontais correspondem às pessoas que trabalham nos processos transorganizacionais (Gonçalves, 2000a).

Uma forma de visualizar os processos de negócio é por meio da classificação proposta pela *American Productivity & Quality Center* (APQC, 2002) que é composta por 13 processos de negócios divididos em dois grupos: processos operacionais (primários) e processos de gerenciamento e suporte, conforme a Figura 3.1.

```
┌─────────────────────────────────────────────────────────────────────────┐
│ Processos operacionais                          ┌──────────┐            │
│                                                 │ Produzir e│           │
│                                                 │distribuir para│       │
│ ┌──────────┐                                    │indústria de│          │
│ │Compreender│ ┌──────────┐ ┌──────────┐ ┌──────┐│manufatura │ ┌────────┐│
│ │necessidades│→│Desenvolver│→│Desenvolver│→│Fazer │└──────────┘→│Faturar e││
│ │do mercado e│ │  visão e  │ │ produtos e│ │marketing e│        │ prestar ││
│ │ clientes  │ │ estratégia│ │  serviços │ │ vender│ ┌──────────┐│assistência││
│ └──────────┘ └──────────┘ └──────────┘ └──────┘│Produzir e│  └────────┘│
│                                                 │distribuir para│       │
│                                                 │indústria de│          │
│                                                 │ serviços │            │
│                                                 └──────────┘            │
└─────────────────────────────────────────────────────────────────────────┘
┌─────────────────────────────────────────────────────────────────────────┐
│           │  Desenvolver e gerenciar recursos humanos                   │
│ Processos │  Gerenciar informações                                      │
│    de     │  Gerenciar recursos físicos e financeiros                   │
│  suporte  │  Executar programa de gestão ambiental                      │
│           │  Gerenciar relações externas                                │
│           │  Gerenciar melhorias e mudanças                             │
└─────────────────────────────────────────────────────────────────────────┘
```

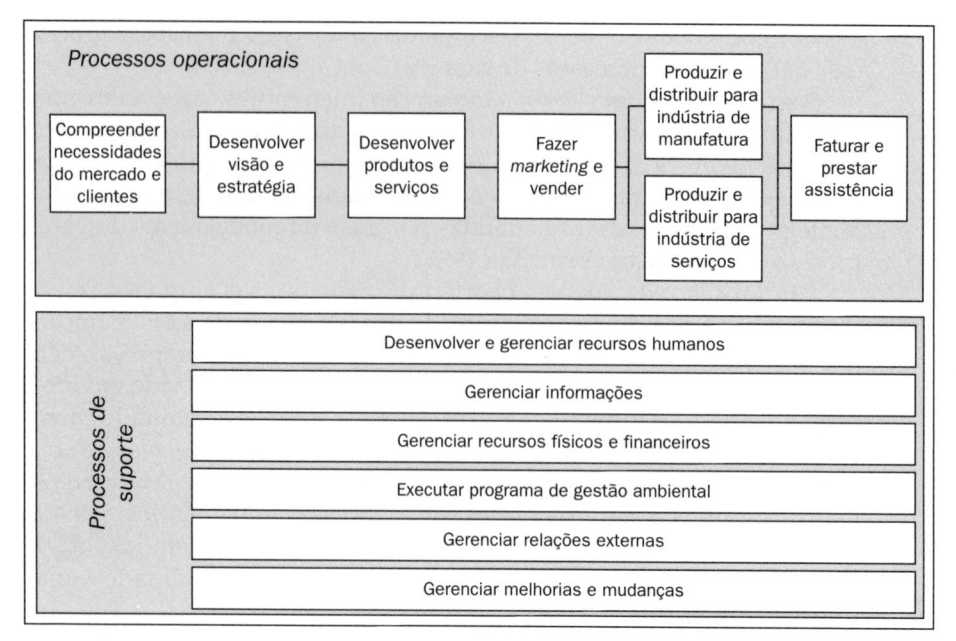

FIGURA 3.1 Classificação de processos de negócio. Fonte: American Productivity and Quality Center (2002).

Nessa classificação, a empresa é definida pelas metas dos cinco processos operacionais. São eles: desenvolver visão e estratégia, projetar e desenvolver produtos e serviços; fazer *marketing* e vender produtos e serviços; distribuir produtos e serviços; gerenciar e prestar assistência ao cliente.

Já as relações entre os agentes envolvidos configuram-se nos sete processos de gerenciamento: desenvolver e gerenciar recursos humanos; gerenciar a tecnologia da informação; administrar recursos financeiros; adquirir, construir e gerenciar recursos físicos; criar e gerir responsabilidade ambiental e de segurança; gerenciar relações externas; gerenciar construção de conhecimento, melhorias e mudanças. Davenport (1994) aborda uma série típica de processos amplos para uma empresa de manufatura conforme o Quadro 3.1.

Quadro 3.1 Processos típicos

Operacional	Gerenciamento
Desenvolvimento do produto	Monitoramento do desempenho
Aquisição do cliente	Gerenciamento das informações
Identificação das exigências do cliente	Gerenciamento das avaliações
Fabricação	Gerenciamento dos recursos humanos
Logística integrada	Planejamento e alocação dos recursos
Gerenciamento de pedidos	
Serviço de vendas pelo correio	

Fonte: Adaptado de Davenport (1994).

Os processos essenciais para obter os produtos ou serviços que são oferecidos aos clientes da empresa são três ou quatro, sendo tipicamente processos de agregação de valor. O bom desempenho desses processos é crucial para o resultado da empresa (Gonçalves, 2000b, 2000c). Pires e Musetti (2000) destacam a importância estratégica e crescente de as indústrias conduzirem, de forma integrada e interdependente, o tratamento de três processos básicos: vender, produzir e atender ao cliente.

Modelo de processos de negócio do EKD

O modelo de processos de negócio no caso do EKD define as atividades (funções) organizacionais e a forma pela qual eles interagem e manipulam informações e materiais. Assim, permite definir quais processos do negócio são reconhecidos (ou deveriam ser) para gerenciar a organização em concordância com as metas, como os processos de negócio deveriam ser realizados e quais informações e materiais são necessários. (Bubenko Jr.; Stirna; Brash, 1998)

Goldkuhl e Lind (2008) propõem que uma visão integrada da organização tem implicações práticas no trabalho de modelagem, análise e projeto de processos de negócio. No estudo de Kock e colaboradores (2009), a qualidade percebida de um modelo é definida como o nível em que o modelo apresenta as seguintes características: facilidade de geração e entendimento, completude e precisão.

Notação do modelo de processos de negócio

Os componentes do modelo de processos de negócio são, segundo Bubenko Jr., Stirna e Brash (1998):

- Processo: uma coleção de atividades que consome uma entrada e produz uma saída (informação e/ou material). O processo é controlado por um conjunto de regras que indica como processar a entrada e produzir o resultado de saída.
- Processo externo: um conjunto de atividades que está fora do escopo da área de atividade da organização. Todavia, sua documentação é essencial, pois há comunicação com outros processos internos da organização.
- Informações ou conjunto de materiais: um conjunto de informação ou material que é enviado de um processo, ou processo externo, para outro.

A notação do modelo de processos de negócio está na Figura 3.2.

Os processos de alto nível devem ser separados dos processos de baixo nível por mecanismo de decomposição. Apesar de não existir um número máximo no nível de decomposição, é aconselhável utilizar esse mecanismo com moderação para evitar estruturas complexas desnecessárias (Bubenko Jr.; Stirna; Brash, 1998).

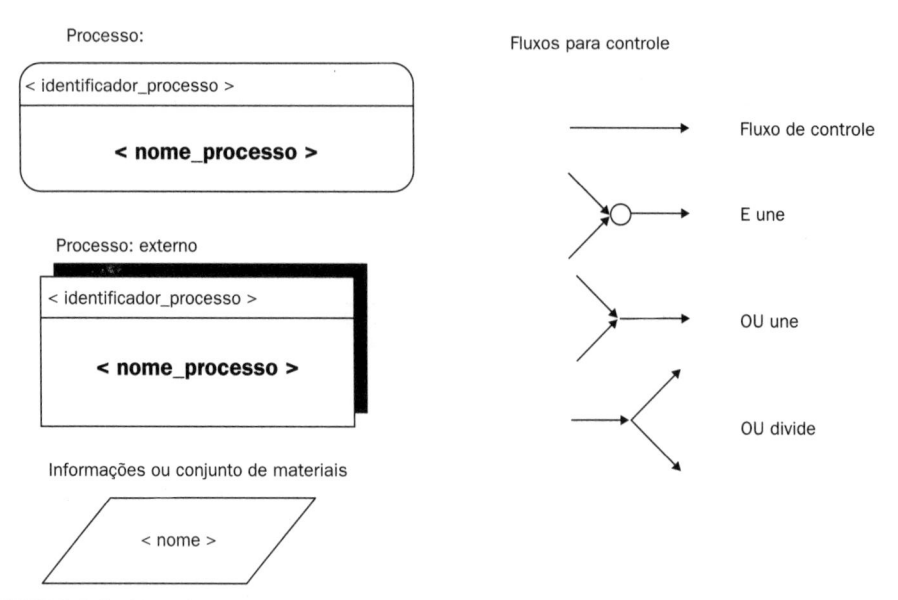

FIGURA 3.2 Notação para os componentes do modelo de processos de negócio. Fonte: Bubenko Jr., Stirna e Brash (1998).

Interfaces com o modelo de processos de negócio

O modelo de processos de negócio do EKD possui interface com os modelos de atores e recursos, regras de negócio e objetivos. Pádua, Cazarini e Inamasu (2004) descrevem as ligações do modelo de processos de negócio:

Ligações entre o modelo de objetivos e o modelo de processos de negócio relacionam objetivos do modelo de objetivos a processos do modelo de processos de negócios com o relacionamento "motiva". Exemplo: "Melhorar a satisfação do cliente" poderia, inicialmente, motivar um processo particular de alto nível da organização como "Monitoramento das relações com cliente".

Ligações entre o modelo de regras do negócio e o modelo de processos de negócio descrevem como os processos do modelo de processos de negócio são disparados pelas regras do negócio do modelo de regras do negócio. Por exemplo, se existe uma regra que declara "Clientes são registrados como maus clientes se demorarem mais do que quatro semanas para efetuar pagamento", então essa regra dispara o processo que realiza o registro de maus clientes.

Ligações entre o modelo de processos de negócio e o modelo de conceito estão entre o conjunto de informação do modelo de processos do negócio e os componentes do modelo de conceitos. Por exemplo, o conjunto de informação "voo esperado" deve referir-se a entidades incluindo atributos e relacionamentos como Voo, Linha.

Ainda segundo Bubenko Jr., Stirna e Brash (1998), o relacionamento entre o modelo de processos de negócio e o modelo de atores e recursos pode ser de diferentes tipos, tais como:

a) ator A realiza o processo P,
b) ator A é responsável pelo processo P,
c) ator A auxilia o processo P, ou
d) ator A é um consultor para o processo P

Em geral, de acordo com Bubenko Jr., Stirna e Brash (1998), cada componente do modelo de processos do negócio deve, ao menos no nível de decomposição, ter um relacionamento definido no modelo de atores e recursos. Miles (2010) afirma que 63% das empresas entrevistadas em seu estudo perceberam a importância do gerenciamento dos processos, sendo o principal indicador de sucesso a presença de donos de processos. Algumas questões para guiar na modelagem dos processos de negócios são propostas por Bubenko Jr., Stirna e Brash (1998). São elas:

1. Quais são os principais processos da organização?
2. Como esses processos são relacionados?
3. Por que esse processo é necessário?
4. Quais informações e fluxos de material são necessários?
5. Quais fluxos de informação e material não são necessários?
6. O que o fluxo de informação e material produz?
7. As situações que "criam" e "destroem" esses conjuntos de informações ou material são refletidas no modelo de processo de negócio?
8. Quais regras disparam esse processo?
9. Quais atores são responsáveis por realizar e apoiar esse processo?

Estudo de caso: modelo de processos de estágios de alunos

Para a compreensão da metodologia EKD, optou-se por apresentar um estudo de caso baseado em uma seção de estágios de alunos em uma universidade pública brasileira. Os modelos foram desenvolvidos a partir das questões-guia propostas por Bubenko Jr., Stirna e Brash (1998). O chefe do serviço respondeu às questões feitas em forma de entrevista formulada por um grupo de alunos. Após a elaboração do modelo, ele foi apreciado e validado pelo chefe do serviço de estágios.

O processo de estágio inicia com a necessidade e intenção do aluno (ator 1) em realizar estágio. O aluno deve escolher a empresa (processo 1). A empresa escolhida deve ter ou estabelecer convênio de estágio com a universidade (processo 2). O serviço de estágio orienta sobre a duração, carga horária (depende do curso), seguro, plano de estágio assinado pelo orientador da empresa e da universidade (processo 3). Assina-se o termo de compromisso e preenche-se um modelo padrão de plano de estágio. O aluno deve definir um orientador da unidade de ensino (EESC) (do seu próprio curso) e um orientador da empresa (processo 4). O aluno leva o termo de compromisso e o plano de estágio para ser preenchido e assinado pelo orientador da unidade de ensino e o orientador da empresa (processo 5). O serviço de estágio confere a data de início, duração, carga horária (depende do curso), seguro, plano de estágio assinado pelo orientador da empresa/unidade de ensino (EESC) (processo 6). O presidente da comissão de graduação assina o documento a partir da aprovação na comissão de graduação (processo 7). Após a aprovação, o aluno matricula-se na disciplina de Estágio Supervisionado (processo 8). Ao final do estágio, o aluno entrega um relatório (processo 9) que será avaliado pelo orientador (processo 10). A Figura 3.3 apresenta o modelo de processos do serviço de estágios conforme descrito.

Capítulo 3 ■ Processos de negócio 55

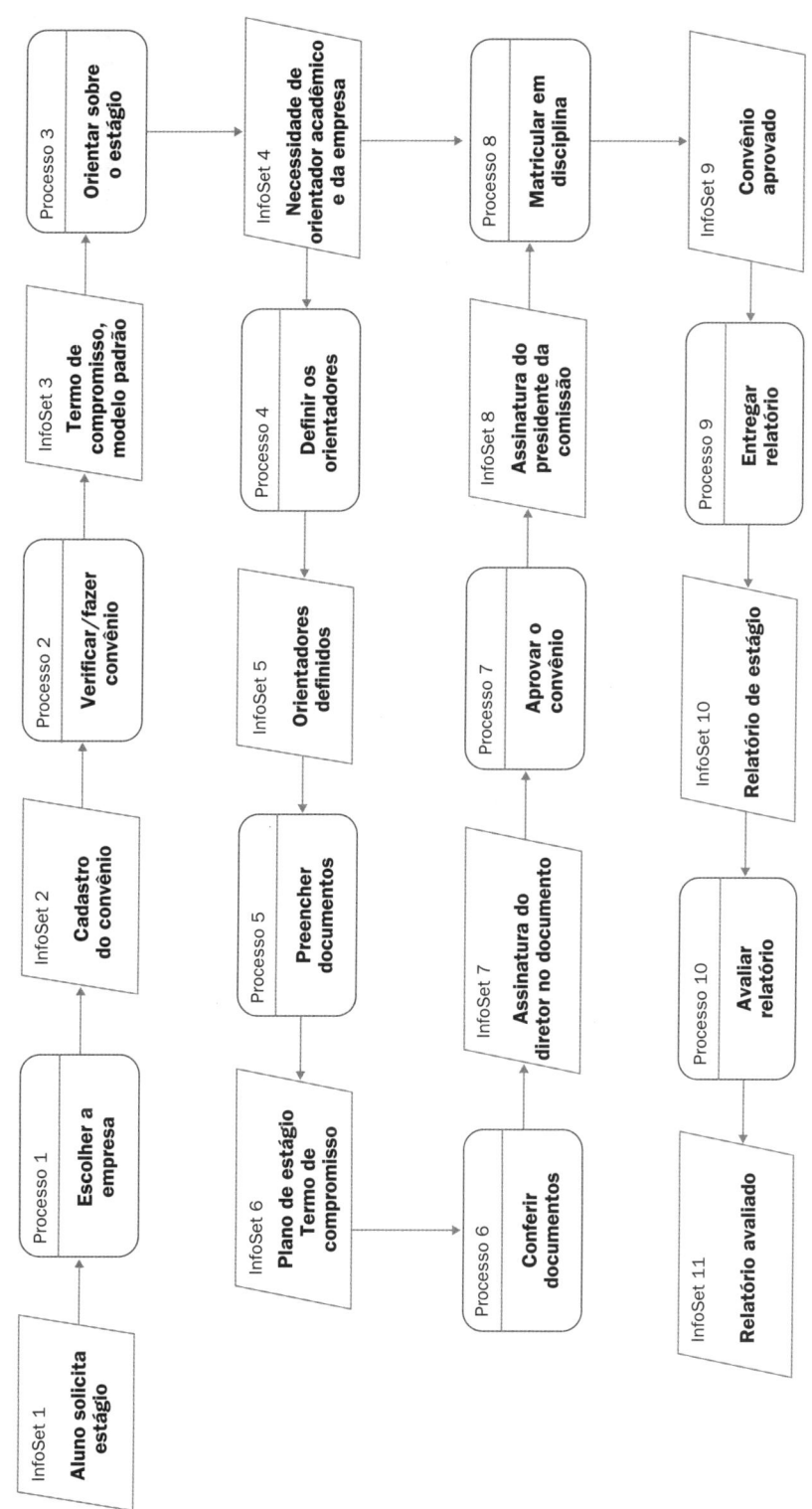

FIGURA 3.3 Modelo de processo de estágio. (Figura dos autores)

Considerações finais

O conceito gestão por processos de negócio (*Business process managemet* – BPM) evoluiu ao longo dos últimos 20 anos para uma vertente de pensamento na literatura sobre negócios. Atualmente há o BPMN (*Businees process management notation*) que é uma notação específica para a modelagem da gestão por processos de negócio.

A principal vantagem de utilizar o BPMN para a modelagem de processos de negócio é que a sua notação possui integração linguagens do tipo *Bpel* que gera automaticamente um modelo de referência.

A abordagem da metodologia EKD sobre processos de negócio atém-se aos processos operacionais e de apoio. Parte do pressuposto que atores e recursos operacionalizam e são responsáveis pelos processos e que eles são disparados pelas regras de negócio.

O ideal na modelagem utilizando a metodologia EKD é começar pelo modelo de objetivos. Entretanto, muitas vezes, o sucesso da modelagem EKD está associado a iniciar a modelagem pelo modelo de processos, pois ele é mais evidente na organização. O modelo de processos permite declarar, de uma forma mais fácil, a situação atual da organização. Depende, em grande parte, do levantamento de informações das pessoas que estão relacionadas aos processos.

Uma vez levantado o modelo de processos, parte-se para a identificação das regras de negócio e busca-se definir os objetivos, compondo a situação atual da organização. A partir daí, criam-se novos objetivos, conforme se verifique alguma inconsistência entre os processos, regras e objetivos.

Como o objetivo é trabalhar com as questões relacionadas à gestão de conhecimento, a documentação do fluxo de informações adquire uma dimensão fundamental em detrimento da visão do fluxo de materiais, que também pode ser documentado. No último caso, o destaque é dado para as informações sobre o material em questão. De forma geral, o modelo de processos de negócio procura esclarecer duas questões básicas: quais atividades e processos são reconhecidos na organização para a sua gestão de acordo com as suas metas? Como os processos e tarefas deveriam ser realizados e quais são as informações necessárias para isso?

Nessas duas questões, está embutida a documentação das mudanças a serem propostas e efetivadas na organização como subsídio para a gestão do conhecimento ao se buscar a perfeição do modelo.

A equipe de modelagem deve ser composta pelo pessoal da empresa (estrategistas, gerentes táticos, funcionários de nível operacional e analistas de sistemas) e técnicos em EKD, responsáveis pela modelagem organizacional em si. O importante é que as pessoas da empresa estejam dispostas a colaborar com o fornecimento de informações e com a sua experiência sobre a empresa para que o modelo reflita fielmente como os processos ocorrem e quais as possíveis modificações, tendo em vista os objetivos da organização e as regras de negócio.

Segundo Bubenko Jr., Stirna e Brash (1998), o recurso mais importante no processo de modelagem são as pessoas que colaborarão para a tarefa e o seu respectivo nível do treinamento. O impacto do trabalho de modelagem não será maior do que a esfera da autoridade do mais alto gerente da companhia que participa ou apoia de forma ativa o processo de modelagem. A participação do gerente assegura que as estratégias do negócio sejam consideradas. Para obterem resultados, os participantes devem coletivamente compreender e ter conhecimento de todos os aspectos da empresa.

A necessidade de iniciar a modelagem pelos processos de negócio se, por um lado, facilita a aplicação de metodologia, por outro lado, suscitam questões sobre as pessoas que são responsáveis por esses processos na empresa e como elas utilizam os recursos disponíveis para administrar e operacionalizar os processos.

No capítulo a seguir abordam-se os atores e recursos responsáveis pelos processos de negócio da empresa. Conforme será visto, a articulação entre os atores e recursos depende da estrutura organizacional a ser adotada. Não há uma estrutura organizacional melhor do que a outra, o que existe é uma estrutura organizacional mais adequada para uma determinada situação.

Entretanto, destaca-se que a visão contemporânea da estrutura organizacional baseia-se na identificação de recursos, capacidades, competências e competências essenciais, e do papel da tecnologia de informação na redefinição dos papéis gerenciais na empresa que se alinham à abordagem da empresa por processos de negócio.

4
Atores e recursos na perspectiva das estruturas organizacionais

As estruturas organizacionais são uma representação abstrata de como ocorre a coordenação da divisão do trabalho em tarefas. Essas estruturas sofreram várias modificações ao longo da evolução do pensamento administrativo, tendo em vista a necessidade de acelerar o processo de desenvolvimento de novos produtos e de diminuir os ciclos de vida de tais produtos.

Atualmente, há a necessidade de estruturas mais ágeis e flexíveis que se adequem a tais necessidades. Esse permanece o grande desafio da administração de ontem, de hoje e do futuro. A adequação de estruturas organizacionais é primordial para que a estrutura seja um elemento facilitador do processo administrativo.

Para Chandler (1996), um fator limitante para o crescimento das grandes empresas é a definição de uma hierarquia adequada para coordenar recursos e atividades do conjunto de suas unidades operacionais. Cada unidade possui suas instalações e seus funcionários. A hierarquia deve dar coesão ao conjunto das unidades de forma a trabalharem como uma só corporação, caso contrário elas não passariam de unidades com atividades somadas, pois é importante para viabilizar a coordenação de recursos e atividades, além de remeter à estrutura organizacional. As hierarquias advindas do crescimento das organizações estabeleceram-se em linhas funcionais em um primeiro momento. Foi dessa forma que as grandes empresas do início da era industrial viabilizaram a produção em escala.

Com a evolução da competitividade industrial, outras estruturas organizacionais surgiram para suprir novas necessidades. São mais flexíveis, com o objetivo de coordenar recursos e atividades que podem estar dispersos em outras organizações. Não há uma estrutura organizacional melhor do que a outra. O que existe são métodos mais adequados aos condicionantes do setor e da realidade da empresa.

Para Leavitt (2005) a hierarquia e a estrutura organizacional são imprescindíveis para a continuidade da existência da organização, mas a média gerência pode ter um papel mais proativo. Nesse sentido, a abordagem pelas competências essenciais é uma visão complementar à visão de estrutura organizacional, pois identifica as competências a partir das habilidades e das tarefas a serem cumpridas. O objetivo deste capítulo é apresentar os Atores e recursos na perspectiva da estrutura organizacional a partir de uma apresentação da definição das funções e das características desse projeto, abordando a estrutura orgânica baseada em competências essenciais e a sintaxe do modelo de atores e recursos do EKD.

Definição e funções da estrutura organizacional

A estrutura organizacional pode ser definida como os meios utilizados para dividir o trabalho em tarefas e os meios para assegurar a coordenação necessária entre tarefas (Mintzberg, 1999). A busca pela divisão do trabalho visa a obter ganhos econômicos com a especialização. Mas de nada adiantaria esse ganho de eficiência se não houvesse um esforço de combinar e direcionar essas tarefas para a realização dos objetivos organizacionais.

Uma definição mais pormenorizada de estrutura organizacional refere-se a esta como o resultado de um processo por meio do qual a autoridade é distribuída, as atividades são especificadas e um sistema de comunicação é delineado permitindo que as pessoas realizem as atividades e exerçam a autoridade para atingir os objetivos organizacionais (Vasconcellos; Hemsley, 2003).

A definição registra as pessoas como agentes das atividades e da autoridade. Em uma perspectiva mais tradicional da administração (em contraposição à perspectiva contemporânea), são as posições da hierarquia (cargos), e não as pessoas, que recebem a autoridade e a incumbência das atividades (Kast; Rosenzweig, 1980). Essa perspectiva estrutural de conceber o cargo como cerne da autoridade está de acordo com a visão burocrática da organização com sua característica de impessoalidade.

Os três elementos que definem a estrutura organizacional são as atividades, a autoridade e as comunicações. As organizações são entidades sociais artificiais criadas para realizar objetivos específicos. Para alcançar esses objetivos, é essencial que atividades sejam desempenhadas. A preocupação com a eficiência leva à divisão das atividades em tarefas e, consequentemente, à necessidade de coordenar (comunicação) as "partes divididas" a fim de não perder de vista os objetivos. Esses objetivos não são democraticamente estabelecidos entre os participantes, mas impostos pelos dirigentes e, por isso, há a necessidade da autoridade (Figura 4.1).

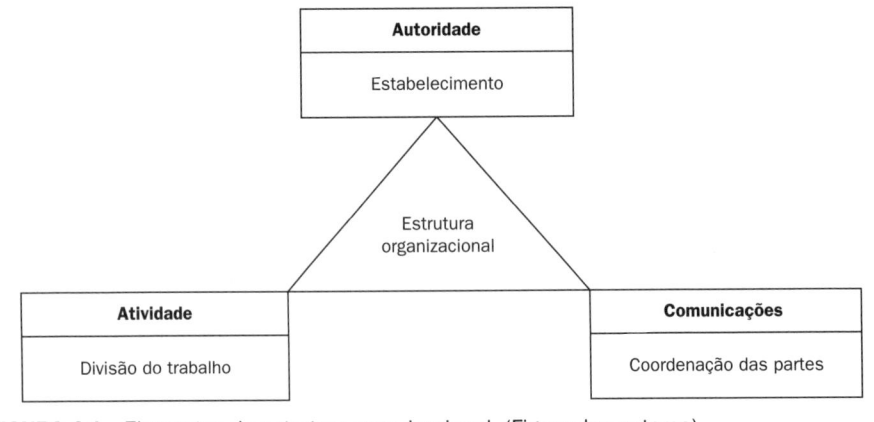

FIGURA 4.1 Elementos da estrutura organizacional. (Figura dos autores)

Características e projeto da estrutura organizacional

A estrutura organizacional pode ser definida como o conjunto de relacionamentos formalmente existentes entre as atividades, as comunicações e a autoridade da organização.

Pode-se dizer que atende a três funções básicas (Hall, 2004): as estruturas tendem a realizar produtos organizacionais e a atingir metas organizacionais; as estruturas se destinam a minimizar as influências das variações individuais sobre a organização, isto é, impõem-se as estruturas, para assegurar que os indivíduos se conformem às exigências das organizações; as estruturas são os contextos em que o poder é exercido, as decisões são tomadas e as atividades executadas.

As características da estrutura organizacional são elementos distintivos de uma estrutura para outra em razão do grau variado da manifestação de cada característica e das inúmeras possibilidades de combinação dessas manifestações. As características estruturais são reconhecidas como sendo a complexidade, a formalização e a centralização (Daft, 1999; Hall, 2004; Robbins; Coulter, 1998).

O termo complexidade refere-se à quantidade de diferenciação em uma organização (Robbins; Coulter, 1998), tanto em relação ao número de níveis da hierarquia (complexidade vertical), quanto ao número de departamentos ou cargos (complexidade horizontal) (Daft, 1999), ou quanto à dispersão geográfica (Hall, 2004).

A formalização é o grau em que uma organização baseia-se em regras e procedimentos para dirigir o comportamento de empregados (Robbins; Coulter, 1998). As grandes organizações apoiam-se em normas para o controle de seus funcionários, e as pequenas organizações utilizam a observação pessoal dos dirigentes para essa finalidade (Daft, 1999). A formalização é elevada quando os funcionários são considerados incapazes de tomarem as suas próprias decisões (a favor da organização) e, então, um grande número de normas é estabelecido para orientar o seu comportamento. Por envolver o controle sobre as pessoas, além do aspecto estrutural, há o aspecto ético e político (Hall, 2004).

A centralização refere-se ao nível da hierarquia com autoridade para tomar decisões. Numa organização centralizada, as decisões são tomadas nos níveis hierárquicos superiores. Em uma organização descentralizada, parte das decisões é delegada aos níveis hierárquicos inferiores.

O projeto estrutural refere-se ao "desenvolvimento ou alteração de uma estrutura organizacional. Os administradores devem projetar estruturas que permitam alcançar, de forma eficiente e eficaz, os objetivos organizacionais" (Robbins; Coulter, 1998). Portanto, o projeto estrutural é a especificação das atividades, da comunicação e da autoridade, levando em consideração os níveis de complexidade, de formalização e de centralização que devem ser ajustados para a escolha de um desenho adequado aos fatores como tecnologia, ambiente, tamanho da organização, entre outros.

A escolha do desenho parece uma atividade simples, pois

> a grande maioria dos estudos das estruturas organizacionais faz a pressuposição de que existe uma estrutura numa organização; mas há ampla evidência implícita de que este

não é o caso. Há diferenças estruturais entre as unidades de trabalho, os departamentos e as decisões. Há também diferenças estruturais de acordo com a posição na hierarquia (Hall, 2004).

Desenhos mecanístico e orgânico

A estrutura organizacional pode ser pensada a partir de dois desenhos básicos: o desenho estrutural mecanístico e o desenho estrutural orgânico.

O primeiro caracteriza-se por ter estrutura formada a partir de minuciosa divisão do trabalho dentro da empresa; cargos ocupados por especialistas nas respectivas tarefas, com atribuições fixas, definidas e delimitadas; centralizações das decisões, geralmente tomadas pela cúpula da organização; hierarquia de autoridade rígida, com pouca permeabilidade entre os diferentes níveis hierárquicos; sistema rígido de controle, com estreita amplitude administrativa; sistema simples de comunicação, em sentido vertical; predomínio da interação vertical entre os superiores e subordinados; ênfase nas regras e procedimentos formalizados por escrito, que servem para definir o comportamento das pessoas de maneira prévia, definitiva e estável; ênfase nos princípios da impessoalidade. Funciona como um sistema mecânico, determinístico e fechado ao ambiente externo.

O segundo caracteriza-se por ter estrutura formada a partir da necessidade de flexibilidade, com baixo grau de divisão do trabalho; cargos continuamente redefinidos de acordo com a situação; descentralização das decisões para os níveis organizacionais mais baixos; hierarquia de autoridade flexível e de permeabilidade entre níveis em face da autoridade pela competência; extensa e ampla amplitude de comando; confiança na comunicação informal e verbal, valorizando a interação entre as pessoas e o trabalho em grupo; predomínio da interação lateral e horizontal sobre a vertical; ênfase no comprometimento pessoal e na responsabilidade da realização das metas para definir o comportamento das pessoas de maneira autônoma, adaptável e empreendedora; ênfase nos princípios de relações humanas. Funciona como um sistema orgânico, adaptável e aberto ao ambiente.

Dimensão horizontal da estrutura

As vantagens da divisão do trabalho já tinham sido enunciadas por Adam Smith, em 1776: aumento da destreza do trabalhador ao realizar uma tarefa simples de modo repetitivo; economia de tempo que, em geral, se perde passando de uma espécie de trabalho a outra; invenção de grande número de máquinas que facilitam e abreviam o trabalho, além de permitirem que um homem faça o trabalho de muitos.

Braveman (1987) busca, na obra de Charles Babbage, de 1832, a quarta e, no seu modo de entender, a mais importante razão para a divisão do trabalho: a qualificação capaz de executar o processo pode ser comprada mais barata como elementos dissociados do que como capacidade integrada num só trabalhador, isto é, não só haverá uma diferenciação de tarefas e qualificações como, também, de remuneração – portanto, haverá um pagamento menor de salário.

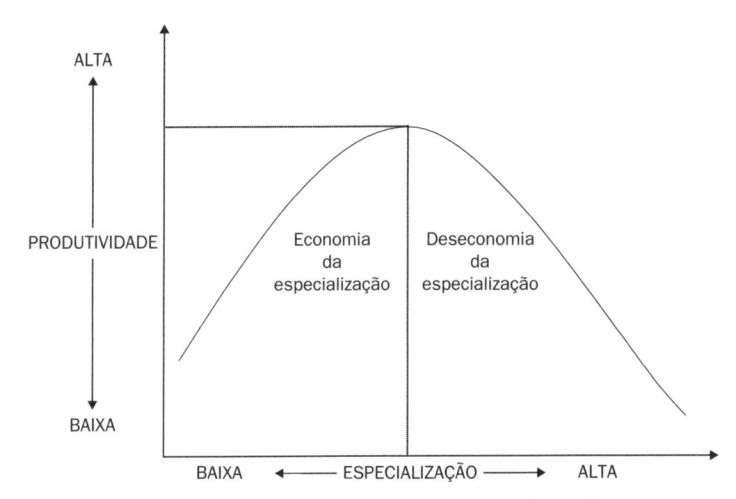

FIGURA 4.2 A economia e deseconomia da especialização. (Figura dos autores)

Dividir o trabalho em tarefas simples e especializar o trabalhador em movimentos curtos e repetitivos não traz apenas vantagens, pois as lesões, o tédio, o absenteísmo e a rotatividade podem anular os ganhos. As deseconomias humanas advindas da especialização surgem quando a especialização do trabalho é levada a um alto grau (Figura 4.2).

A divisão do trabalho em tarefas leva à necessidade de agrupar essas tarefas para alcançar a coordenação. A ação de agrupar em unidades organizacionais é chamada de "departamentalização", ainda que as unidades venham a receber denominações, tais como setor, seção, divisão etc. A departamentalização permite criar uma unidade e uma subestrutura organizacional, com objetivo próprio, atividades afins, comunicação facilitada e autoridade. No entanto, a comunicação entre departamentos pode ficar prejudicada por essas "fronteiras" criadas.

Os dispositivos mencionados a seguir são alternativas estruturais que podem melhorar a coordenação horizontal e as comunicações (Daft, 1999): sistemas computadorizados de informações; função de ligação com especial designação para se comunicar com determinado departamento; força-tarefa, um grupo temporário composto de representantes de um departamento afetado por um problema; cargo permanente, posicionado fora dos departamentos, com o único objetivo de integrar vários departamentos.

Dimensão vertical da estrutura

A dimensão vertical trata dos reflexos da divisão do trabalho na capacidade de supervisão, da criação de níveis em decorrência do limite dessa supervisão e da coordenação entre esses níveis hierárquicos.

Ao dividir o trabalho, surge a preocupação com o controle sobre as tarefas especializadas. Um superior, com autoridade, será designado para controlar as pessoas que estão desempenhando as tarefas. A amplitude de controle refere-se ao número de subordinados que se reportam a um superior.

A escolha da amplitude de controle adequada é importante por duas razões (Stoner; Freeman, 1999):

1ª razão a amplitude afeta a eficiência. A amplitude grande pode significar que os superiores estão sendo exigidos acima de suas capacidades e que os subordinados estão recebendo pouca orientação, podendo ignorar erros sérios. Amplitude pequena pode significar que os administradores estão sendo subutilizados.

2ª razão a amplitude afeta a estrutura. Amplitudes pequenas implicam em mais níveis hierárquicos e, portanto, em estruturas altas, com demora na tomada de decisão. Amplitudes grandes implicam em menos níveis hierárquicos e, portanto, em estruturas baixas com decisões rápidas, mas com administradores superexigidos.

Os fatores seguintes favorecem a escolha de uma amplitude grande de controle (Daft, 1999): o trabalho realizado pelos subordinados é estável e rotineiro; os empregados desempenham tarefas similares; os subordinados estão concentrados em um único local, são altamente treinados e necessitam de pouca orientação; as regras e os procedimentos que definem as tarefas estão disponíveis; existe um sistema de informações de suporte ao gerente; o cargo de gerente exige pouco tempo em outras atividades que não sejam de supervisão (como planejamento, contato com outros departamentos, etc.).

A decorrência da escolha da amplitude de controle e da formação de níveis hierárquicos é a pergunta do encarregado de supervisionar (Robbins, 1999): a quem devo prestar contas? Portanto, "a cadeia de comando é uma linha contínua de autoridade que se estende do topo da organização até o mais baixo escalão e esclarece quem se reporta a quem". A cadeia de comando refere-se à estrutura de autoridade na organização, que coincide com o desenho da estrutura organizacional, isto é, o desenho da estrutura formal organizacional é, antes de mais nada, a distribuição de autoridade na organização.

Hoje, a autoridade tem relevância menor diante da aceitação da cultura empresarial, do uso de sistemas computadorizados para processar a informação e da aplicação de outros meios de influência sobre o comportamento das pessoas. A autoridade diz respeito aos direitos inerentes a um cargo de dar ordens e esperar que elas sejam obedecidas (Robbins, 1999). A autoridade é distinguida por três características (Robbins, 1999): está revestida nos cargos da estrutura, e não nas pessoas; é aceita pelos subordinados; flui para baixo na hierarquia, isto é, os níveis superiores têm mais autoridade que os níveis inferiores. Para coordenar os níveis hierárquicos podem ser usadas as ligações verticais (Daft, 1999), entre elas a própria hierarquia de autoridade (o primeiro e mais consagrado dispositivo de ligação vertical); as normas e planos, que indicam aos subordinados como agir sem precisar consultar o superior; a criação de cargos de assessoria; e os sistemas de informações verticais como, por exemplo, o relatório.

Projeto estrutural "clássico": departamentalização

Existem duas visões sobre a forma de projetar a estrutura de uma organização. A visão mais antiga, denominada de "visão clássica", fundamenta-se na departamentalização das atividades. A visão contemporânea rompe com o conceito de departamentalização. Embora muito se escreva sobre a "visão contemporânea", é importante registrar que, na prática empresarial, a "visão clássica" do projeto da estrutura organizacional é amplamente utilizada.

O processo de agrupar pessoas e funções sob uma supervisão comum formando departamentos e interligando esses departamentos para que eles operem de maneira coordenada é chamado de departamentalização (Schermerhorn Jr., 1999). A departamentalização é a base para agrupar funções em departamentos e departamentos em estruturas completas (Daft, 1999) – sem esquecer que se faz a departamentalização para facilitar a consecução dos objetivos organizacionais (Robbins; Coulter, 1998).

A "visão clássica" do projeto estrutural contempla três abordagens básicas de departamentalização: funcional (por função e por processo); divisional (por produto, por cliente e por área geográfica); matricial.

A estrutura organizacional se define pelo resultado do processo de distribuição de autoridade, de especificação de atividades e de delineamento de sistemas de comunicação para atingir os objetivos da empresa. Tradicionalmente, as empresas adotavam estruturas organizacionais especializadas, como a estrutura funcional, geográfica, por processo, por cliente e por produto. Com o aumento da competitividade no ambiente de negócios, as empresas começaram a adotar estruturas organizacionais inovativas, como a departamentalização por centro de lucros, a departamentalização por projetos, a estrutura matricial, a estrutura celular e a estrutura para novos empreendimentos (Vasconcellos; Hemsley, 2003).

A gestão por processos provê o desenvolvimento e a melhoria contínua de estratégias empresariais e faz que as empresas se concentrem em gerar valor para o cliente e, ainda, melhorar sua *performance* (McCormack et al., 2009). Barros Neto e Nobre (2009) afirmam que a melhoria do processo torna-se uma necessidade para as empresas que querem se tornar competitivas no mercado.

Houy, Fettke e Loos (2010) realizaram uma pesquisa com o objetivo de fornecer uma visão global da evolução da pesquisa empírica na gestão por processos e concluíram que o número crescente de artigos publicados, de revistas especializadas, de conferências sobre o tema e de programas de graduação especializados em *Business Process Management* em várias universidades prova que o BPM não é uma moda, mas uma tendência de evoluir para a ciência da administração. Paim e colaboradores (2009) afirmam que uma das grandes motivações para o BPM é a capacidade de superar as limitações do modo funcional de estruturar as organizações.

Mas, se por um lado a migração do modelo de gestão funcional para a gestão por processos resulta em melhorias no desempenho dos processos, por outro promove um incremento na complexidade da gestão. De acordo com Paim, Mansur e Cauliraux (2008), na gestão funcional, os processos são geridos isoladamente, a organização tem características de silos com baixa capacidade de coordenação e, nessa abordagem, há baixa orientação para mercado. Na gestão por processos, há alterações na estrutura organizacional e em outros elementos integrantes do projeto organizacional visando a priorização dos processos como um eixo gerencial de maior importância que o eixo funcional, orientando assim as decisões prioritariamente por processos.

Uma organização pode ter estrutura funcional. Nesse caso, ela só reconhece processos dentro de departamentos ou unidades organizacionais e, dessa forma, segue-se a gestão funcional do processo funcional. Mas a empresa pode também reconhecer a existência de processos permeando as funções, ou os processos podem ser o conceito mais importante (Paim, Mansur e Caulliraux (2008)).

Há dois tipos de gestão que se destacam e apresentam entre si diferenças. São eles (Paim et al., 2009):

Gestão funcional: caracteriza-se por interfaces claras, etapas alinhadas ao departamento, mercado estável, baixa variedade de clientes e de pedidos, geração de valor na especialização, trabalho feito em departamentos, baixa necessidade de flexibilidade e agilidade, desempenho funcional e forma de produção centrada em trabalhos individuais.

Gestão por processos: caracteriza-se por interfaces pouco claras ou dinâmicas, etapas alinhadas aos processos, mercado instável, alta variedade de clientes e de pedidos, geração de valor na cadeia de valor dos processos, trabalho feito com integração dos processos, alta necessidade de flexibilidade e agilidade, desempenho processual e forma de produção centrada na combinação de competência para produzir e gerar valor.

Para Antonucci e colaboradores (2009), uma organização orientada a processos precisa ter a cultura de processo. A cultura de processos é um conceito em que os processos de negócio são conhecidos, acordados, comunicados e visíveis a todos os colaboradores da organização. As características de uma cultura de processos incluem consenso geral sobre o que são processos de negócio, entendimento de como os processos de negócio interagem e afetam uns aos outros, definição clara de qual valor cada processo produz, documentação de como cada processo produz os seus resultados, entendimento de quais habilidades são requeridas para cada processo, entendimento de quão bem cada processo é realizado, medição do desempenho de processo em curso, decisões de gerenciamento baseadas no conhecimento de desempenho de processos e donos de cada processo com responsabilidade e prestação de contas sobre desempenho de processos.

Os gerentes de empresas com presença mundial, com frequência, solucionaram problemas estratégicos por meio de mudanças nas estruturas organizacionais, pois essas mudanças são vistas como ferramentas eficazes para redefinir responsabilidades e relacionamentos, viabilizando que a alta gerência cause impactos imediatos e transmita sinais enfáticos de mudança a todos os níveis administrativos (Bartlett; Ghoshal, 1991).

Nesse processo de aprendizagem, não bastam mudanças na estrutura formal da empresa, ou seja, na definição estática de seus papéis, de suas responsabilidades e de seus relacionamentos, uma vez que tais estruturas formais se confrontam com ambientes de negócios bastante dinâmicos. Desse modo, há a necessidade de criar competências e capacidades organizacionais múltiplas ao repensar os processos e os sistemas decisórios da empresa, os canais de comunicação e as relações interpessoais (Bartlett; Ghoshal, 1991).

De fato, o conceito de estrutura organizacional matricial, por exemplo, explica as relações de poder formais entre os membros de equipe de projetos e os respectivos gerentes funcionais e gerentes de projeto. No entanto, as teorias emergentes de redes intraorganizacionais oferecem construtos mais sutis e precisos para descrever as estruturas de relacionamento informais aptas para captar e integrar diferentes competências nas equipes de projetos.

As estruturas organizacionais em rede pressupõem a existência de diferentes atores que unem suas respectivas competências complementares a fim de aumentar a sua competitividade e melhorar a entrega de valor ao cliente (Lipnack; Stamps, 1994; Wilkinson; Young, 2002). Por meio de alianças com os atores atualmente em cooperação, também se abre acesso a informações sobre as competências de outros atores para parcerias potenciais no futuro (Gulati; Gargiolo, 1999).

Projeto estrutural contemporâneo: hierarquia de competências

Por um lado, a palavra competência está associada à aptidão, habilidade, saber e conhecimento. Essas qualidades, na maioria das vezes, estão associadas a uma pessoa. Por outro lado, a palavra competência, nas empresas, está ligada à função de gerenciamento e inclui planejar, delegar, treinar, avaliar o desempenho e reconhecer as realizações da gerência. É justo acreditar que, de qualquer maneira, todas essas competências estão correlacionadas. Porém, competência, para Hamel e Prahalad (1995), referem-se à competência empresarial como um conjunto de habilidades e tecnologias utilizadas pela empresa para definição de solução de problemas e consequente implementação de alternativas de crescimento.

Definição de competência

O significado do termo competência, antes entendido apenas como sinônimo de "habilidade humana", agora é associado, também, à inovação ao resultado e à eficiência, atribuindo maior exigência e maior complexidade às funções de uma empresa. Mais do que isso, o domínio de uma competência escassa em relação à demanda pode proporcionar ganhos superiores à empresa que explorar essa competência adequadamente. A avaliação desse fator estratégico revela-se um grande passo para a transformação de competências em *competências essenciais*, visando à obtenção de vantagens competitivas. Competências essenciais têm se tornado uma nomenclatura padrão em negócios, e sua repercussão poderá garantir o resultado em alguns programas de reestruturação em empresas.

Diferentes autores consideram as competências essenciais em diferentes níveis da organização. Autores que tratam sobre recursos humanos consideram as competências em nível individual, enquanto outros consideram a competência da empresa como um todo (Baker et al., 1997). Para Terhaag e colaboradores (1996), as competências estão localizadas no campo de interação entre as tarefas e as habilidades (Figura 4.3). A ideia de competência responde às perguntas "O que eu posso fazer?" e "O que eu devo fazer?". Tendo em vista que a empresa detém as habilidades e, para essas habilidades, todos os recursos requeridos para seu desenvolvimento, pode-se dizer que a empresa possui uma competência.

Diagrama

```
        Análise do potencial              Planejamento estratégico

    O que eu posso fazer?                   O que eu devo fazer?

         HABILIDADES    COMPETÊNCIAS         TAREFAS

  Adquiridas dentro da organização: processo de    Induzidas a serem realizadas dentro ou
  aprendizagem.                                    fora da organização.
  Adquiridas fora da organização: compradas.
```

FIGURA 4.3 Competências, relação entre habilidades e tarefas. Fonte: Terhaag e colaboradores (1996).

Na perspectiva de uma empresa, para que uma competência possa ser considerada uma competência essencial, é necessário que ofereça reais benefícios ao cliente, que seja difícil de imitar e que viabilize o acesso a diferentes mercados (Prahalad; Hamel, 1998). Já na perspectiva de um profissional dentro da empresa, as competências representam a inteligência prática e situacional de acordo com os conhecimentos adquiridos, que são transformados com intensidade proporcional à complexidade das situações, nas quais tais competências são utilizadas (Zarifian, 1999).

Para Baker e colaboradores (1997) há quatro tipos de competências:

Competência estratégica: a empresa apresenta poder de adequação entre a estratégia de negócio e o ambiente competitivo externo. Nesse nível de competência, a empresa é considerada como um todo.

Competência diferencial: a empresa detém um grupo de tecnologias e atividades que fornece vantagem competitiva. A competência diferencial é relativa ao processo da empresa na qual pode desenvolver novos produtos.

Competência funcional: a empresa gera poder de adequação entre suas prioridades competitivas e as suas resistências dentro de sua função particular, como produção, *marketing*, etc.

Competência individual: a empresa disponibiliza um conjunto de habilidades e de conhecimentos que cada indivíduo precisa para atuar em um trabalho específico. A competência individual é quem executa o processo.

Javidan (1998) sistematiza a hierarquia de competências de uma organização da seguinte forma: os recursos são a base das competências, a capacidade refere-se à habilidade de uma organização em explorar os recursos e a competência é a coordenação e a integração das capacidades. E, no topo, estão as competências essenciais como resultado da interação entre diferentes competências (Figura 4.4).

Hamel e Heene (1994) definiram três níveis de abstração para competências dentro de uma empresa:

Metacompetência essencial: representa o mais alto nível de abstração para uma competência (o que faz uma empresa ser reconhecida).

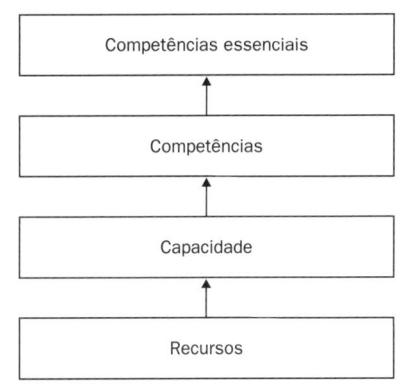

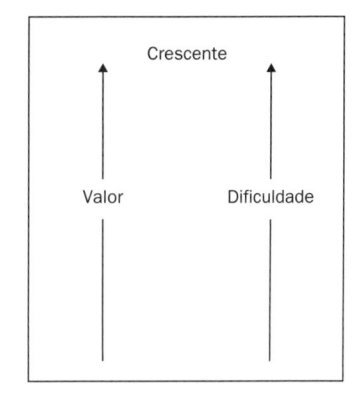

FIGURA 4.4 A hierarquia de competências. Fonte: Javidan (1998).

Competência essencial: nesse nível, uma competência é considerada uma agregação de habilidades constituintes.

Habilidades constituintes: são as capacidades básicas de uma companhia, que podem constituir uma competência essencial da companhia.

A Figura 4.5, adiante, apresenta esquematicamente esses três níveis. Conforme a figura, o nível mais alto, a metacompetência essencial, pode ser relacionado à competência essencial gerada pela rede de empresas formadas pelos componentes A, B e C que apresentam competências particulares. No nível mais baixo da figura, estão representadas as habilidades constituintes de uma empresa, as quais formam a competência essencial B.

Dentre todas as competências que existem dentro de uma empresa, algumas podem ser consideradas mais importantes por trazerem benefícios e prosperidade para a corporação em longo prazo. Essas competências podem ser consideradas essenciais e há três testes para identificá-las (Hamel; Prahalad, 1995):

Valor percebido pelo cliente: uma competência essencial deve agregar valores a mais à percepção de valor ao cliente. São habilidades que oferecem benefícios fundamentais aos clientes e são predominantes em relação às outras competên-

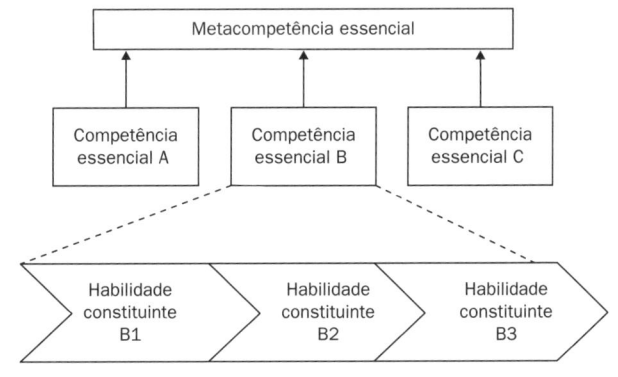

FIGURA 4.5 Níveis de abstração de competências essenciais. Fonte: Hamel e Heene (1994).

cias. Isto não implica em esta competência ser visível aos olhos do cliente, pois o que é visível para o cliente é apenas o benefício.

Diferenciação entre concorrentes: a competência essencial da empresa deve ser de difícil imitação ou cópia. O intuito é que essa competência seja um diferencial da empresa para com seus concorrentes.

Capacidade de expansão: a competência essencial deve contribuir para aumentar a oferta de valor em produtos existentes ou para habilitar novas oportunidades.

A competência essencial é um conjunto de habilidades e tecnologias, e não uma única habilidade e tecnologia. Tal conjunto deve permitir à empresa oferecer um determinado benefício aos clientes, pois não é um único motivo ou razão que leva o cliente a preferir determinada empresa. Alguns clientes são atraídos pelos preços, outros pela localização, pela rapidez na entrega de mercadorias, por condições de venda, outros pela qualidade dos produtos. Para Hamel e Prahalad, ainda no trabalho de 1995, a competência é toda atividade desempenhada no processo produtivo, dentro da empresa, que agregue valor ao produto ou serviço ao qual se aplique.

No entanto, o termo competência essencial é de difícil compreensão por ser imponderável para os empresários responsáveis pelo seu desenvolvimento, invisível aos observadores externos e difícil de ser analisado (Petts, 1997).

Características das competências essenciais

Torkkeli e Tuominen (2002) também listam as características que as competências essenciais devem apresentar: deve ser essencial à sobrevivência da corporação; deve ser invisível aos concorrentes e difícil de ser imitada; deve ainda combinar habilidades, recursos e processos; deve ser essencial para o desenvolvimento de produtos essenciais e, consequentemente, de produtos finais; deve ser essencial para implementação de estratégias da corporação; e deve ser essencial às decisões estratégicas.

Para o sucesso na identificação de competências, Javidan (1998) propõe a realização de uma oficina com o objetivo de explicar seus conceitos e aplicações. O autor aponta oito perguntas que devem ser feitas para identificar competências:

1. *Quais são os pontos da cadeia de valor em que a empresa particularmente faz um bom trabalho?* Essa primeira pergunta esclarece o interesse de cada empresa, suas capacidade e implicações.

2. *A empresa possui uma capacidade, uma competência ou uma competência essencial?* Essa pergunta ajuda a entender os valores que podem ser acrescentados como as competências da empresa interessada.

3. *Essas competências são mais fortes que as competências de outras empresas?* Essa pergunta evidencia as vantagens competitivas que a ligação entre as competências pode trazer.

4. *Que tipo de ligação existe entre as competências essenciais e as vantagens competitivas?* Essa é uma importante questão, pois esses dois conceitos não são necessariamente os mesmos. Nem sempre as competências são vantagens competitivas e nem sempre uma vantagem competitiva não é uma competência.

5. *Como é a estabilidade dessas vantagens competitivas?* Muitas das vantagens competitivas não duram muito tempo. As vantagens competitivas pressionam a concorrência a dar resposta rápida. A empresa precisa estar preparada para atuar em um mercado dinâmico.
6. *Quais as mudanças-chaves que devem ser feitas na empresa?* Essa pergunta analisa quais mudanças necessitam ser feitas para que a empresa atue em um mercado dinâmico.
7. *Feitas as mudanças na empresa, (a) qual competência é obsoleta ou irrelevante? (b) quais competências devem ser mantidas ou melhoradas? (c) como podemos alavancar nossos recursos, capacidades e competências? (d) quais são as novas competências que devem ser desenvolvidas?* Esse grupo de quatro perguntas é planejado para encorajar uma estratégia e discussão a respeito das competências e capacidades.
8. *Onde a empresa deve se encaixar?* Esse estágio está ligado ao planejamento estratégico.

Deve-se tomar cuidado, pois, muitas vezes, uma competência é confundida com o seu produto final, o qual pode ser resultado de uma competência. A competência não pode ser confundida com o objeto de sua aplicação. Uma grande preocupação neste contexto é esclarecer as diferenças entre competências e produto final. Considerando três diferentes termos – competências, processo e produto final –, pode-se chegar a uma definição clara sobre esta diferença. Um produto final é uma saída de um processo. Já um processo precisa de uma competência essencial para ser desenvolvido (Terhaag et al., 1996).

As competências também não são específicas de produtos e contribuem para a competitividade de uma gama de produtos ou serviços. Assim, as competências essenciais transcendem um produto ou serviço específico.

A duração das competências essenciais também é maior do que a de qualquer produto ou serviço somente. O produto final, devido ao mercado dinâmico, sofre mudanças mais rápidas que os processos e, esses, consequentemente, sofrem mudanças mais rápidas que as competências. O desenvolvimento das competências requer mais tempo que o do produto final devido ao processo de aprendizagem (Terhaag et al., 1996). Assim, a competência essencial não é um ativo no sentido contábil da palavra, pois, ao contrário dos ativos, as competências não sofrem desgastes. Em geral, quanto mais usada, mais valiosa e aprimorada ela se torna.

Além disso, uma competência essencial é uma fonte de vantagem competitiva e um fator crítico de sucesso. Entretanto, a recíproca não é verdadeira, pois não se pode considerar, por exemplo, infraestrutura, localização e mão de obra barata como competência essencial. Isso não significa que essas vantagens não sejam importantes para a empresa. (Petts, 1997; Prahalad; Hamel, 1995).

Bogner, Thomas e McGee (1999) completam a ilustração de Prahalad e Hamel (1995) argumentando que várias competências essenciais desenvolvem vários produtos essenciais e esses, vários produtos finais (Figura 4.6).

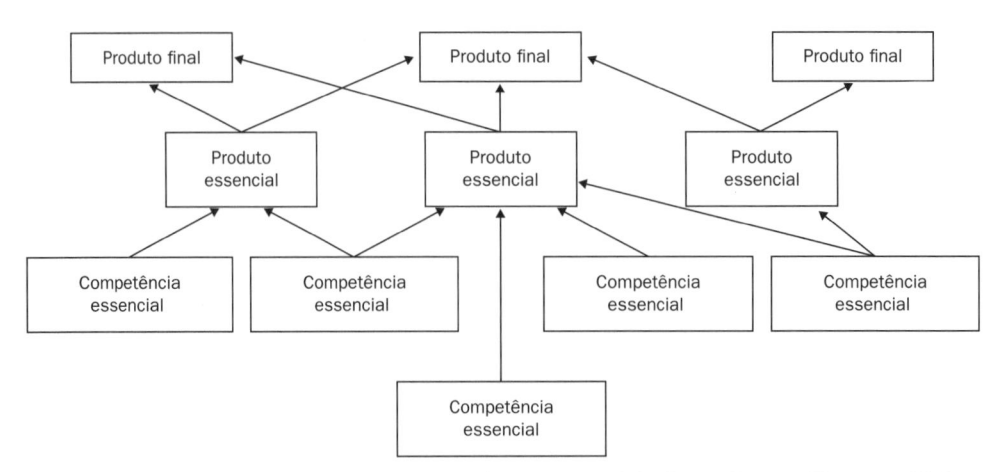

FIGURA 4.6 Reunião e distribuição das competências essenciais. Fonte: Bogner, Thomas e McGree (1999).

Competências essenciais como valor

Por mais que as ligações entre as competências essenciais e o mercado não sejam diretas, as competências essenciais são as características que sustentam a criação de produtos, tecnologias e processos essenciais que, por fim, geram os produtos que são vendidos no mercado (Lampel, 2001).

A proposta de Hamel e Prahalad (1995) é a de que, em vez de os estrategistas concentrarem-se nas condições do setor, eles deveriam concentrar-se nas competências essenciais de suas empresas e utilizar as habilidades, os processos e as tecnologias para criar vantagem competitiva sustentável em sua cadeia de valor. Os dirigentes e demais tomadores de decisão que não conseguissem assumir a responsabilidade pelo desenvolvimento e estímulo das competências essenciais estariam atrasando o futuro das organizações. Harvey e Lusch (1997) propõem que essas competências deverão ser bem protegidas e seguradas a fim de manter a empresa.

Forbes (1991) salienta que as empresas usam as competências essenciais para reavaliar suas estratégias. Segundo Gorman e Thomas (1997), a base da competitividade está nas competências essenciais e, quando utilizadas como estratégia da empresa, demonstram o crescimento e desenvolvimento nas atividades das mesmas.

Prahalad (1998) explica que existe um processo para desenvolver competências essenciais. Nesse processo, a primeira pergunta que pode ser feita é: "Como será o mundo daqui a 10 anos?". Dados o plano e as forças propulsoras da descontinuidade no mercado – estilos de vida, estilos de trabalho, demografia, distribuição de renda, novas tecnologias – uma segunda pergunta seria: "O que podemos esperar que o mundo seja daqui a 10 anos?". Se esse é o futuro que queremos construir, então: "Quais são as competências que não possuímos e precisamos adquirir para chegar a ele, e como fazer para adquiri-las?".

Por fim, a identificação de competências pode se firmar quando os benefícios esperados não forem alcançados. Isso deve acontecer, também, quando os objetivos perseguidos já não se cumprem e quando ocorrem mudanças no ambiente empresarial. Assim, entende-se que a inovação por meio de identificação de competências essenciais é necessária para a manutenção da competitividade das empresas por meio do desenvolvimento e de suas aplicações no processo produtivo.

Projeto estrutural orgânico baseado em competências

O conceito de estrutura organizacional passou por várias transições. Num primeiro momento, a estrutura organizacional foi concebida com base nas indústrias em ambientes relativamente estáveis. Mas, com a passagem da economia industrial para uma economia mais baseada em serviços, o ambiente de negócios exigia mudanças mais frequentes das empresas, estimulando-as a buscar estruturas organizacionais mais inovadoras (Eccles; Nolan, 1993).

Para competir na economia global, a estrutura organizacional deve gerar equilíbrio entre uma infraestrutura global (recursos e práticas de gestão compartilhados) e adaptações ao ambiente específico de cada localidade de atuação da empresa quanto às preferências dos consumidores locais, às características da força de trabalho e quanto aos regulamentos governamentais. Eccles e Nolan (1993) recomendam uma arquitetura organizacional "em rede" composta de dois níveis. O primeiro nível é de responsabilidade da alta gerência, que deve disponibilizar globalmente à empresa a infraestrutura, os ativos, os recursos, as práticas administrativas, as métricas de desempenho e uma clara visão de negócio. No segundo nível, denominado nível do "autoprojeto", os indivíduos assumem a iniciativa de utilizar a infraestrutura global para estabelecer os relacionamentos necessários a fim de atingir seus objetivos de negócio.

Desse modo, a arquitetura organizacional em rede consiste de grupos de profissionais internos (e, frequentemente, integrados a profissionais externos à organização formal) que utilizam as competências, os recursos e as comunicações para atingir um propósito específico (Eccles; Nolan, 1993).

Muitas empresas têm convivido com mais de uma estrutura organizacional, na qual há um projeto estrutural baseado na departamentalização funcional que gera os recursos e produtos existentes e um projeto estrutural orgânico que constitui equipes gerenciadas pela metodologia *seis sigma* para o desenvolvimento de novos projetos.

Wigang, Picot e Reichwald (1997) apresentam uma sistematização das formas organizacionais considerando a incerteza do mercado e a complexidade dos produtos (Figura 4.7). As organizações hierárquicas fabricam produtos de baixa para média incerteza de mercado e complexidade de produtos. As organizações modulares fabricam produtos considerando de baixa para média a incerteza no mercado, mas de média para alta a complexidade de produtos. As redes de cooperações e redes estratégicas fabricam produtos de média para alta incerteza no

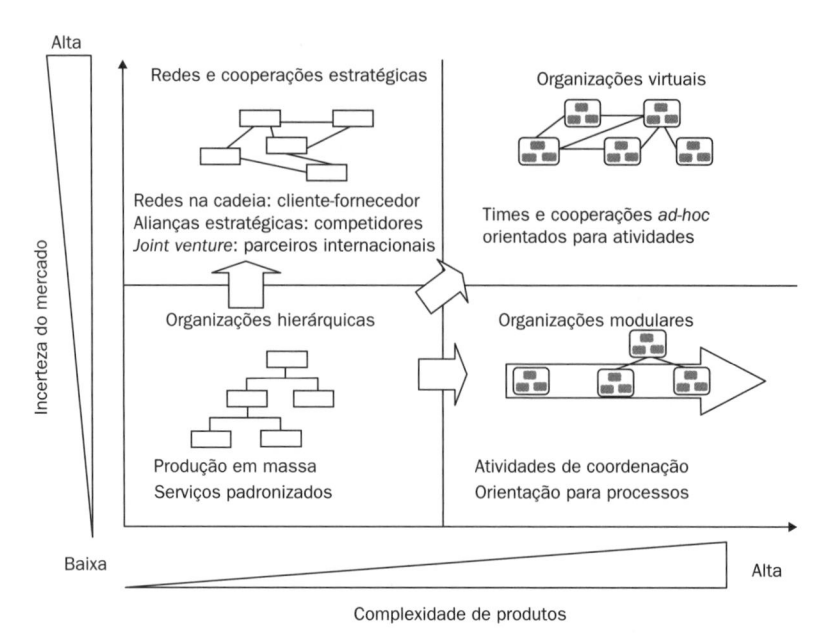

FIGURA 4.7 Formas organizacionais segundo a incerteza de mercado e a complexidade de produtos. Fonte: Wigang, Picot e Reichwald (1997).

mercado, mas de baixa para média complexidade de produtos. E, por fim, as organizações virtuais fabricam produtos de média para alta incerteza de mercado e complexidade de produtos.

Modelo de atores e recursos do EKD

O modelo de atores e recursos, em particular, descreve como diferentes atores e recursos se combinam e como eles são relacionados aos componentes do modelo de objetivos e do modelo do processo do negócio. Portanto, permite esclarecer como eles se relacionam com os processos e a responsabilidade entre os atores. Os atores estão relacionados a entidades que agem sobre um determinado objeto, e os recursos estão relacionados aos atores.

Notação do modelo de atores e recursos

Conforme Bubenko Jr., Persson e Stirna (2001b), os atores e os recursos envolvidos nas atividades empresariais podem ser:

Unidade individual: denota uma pessoa da organização. Indivíduos são identificados por seus nomes. Indivíduos essenciais com habilidades ou tarefas específicas são incluídos no modelo de atores e recursos, uma vez que eles esclarecem e adicionam significado ao modelo e seus relacionamentos.

Unidade organizacional: pode representar qualquer estrutura organizacional da organização, tais como um grupo, departamento, divisão, projeto, time, subsidiário, entre outros. Sendo atores, as unidades organizacionais podem ter subunidades.

Recursos não humanos: podem ser tipos de máquinas, sistemas e equipamentos. Sendo atores, recursos não humanos podem ter componentes, ser generalizados ou especializados e executar tarefas.

Papel: pode ser executado por uma unidade individual ou organizacional em diferentes contextos. Um determinado papel pode ser responsável por realizar os processos e por atingir os objetivos. Exemplos: autor, aprovador, controlador, coordenador, entre outros. Papéis podem desempenhar processos e ser responsáveis pelo desenvolvimento de processos, definição de objetivos e alcance de metas.

Os relacionamentos binários podem ser usados para descrever diferentes tipos de relacionamentos entre os componentes do modelo de atores e recursos juntamente com os componentes de outros modelos. Assim, os dois principais propósitos para esses relacionamentos são para a definição de:

Responsabilidade: é o relacionamento entre atores e os processos de negócio, regras de negócio e objetivos. As responsabilidades podem ser organizacionais (quando estão relacionadas com a liberdade do ator em tomar decisões por outras entidades da empresa) ou operacionais (quando estão relacionadas com a execução de tarefas e com a indicação de que determinado ator está comprometido com um determinado processo de negócio).

Dependência: é a relação entre os atores do negócio. Um ator depende de outro para obter algum recurso ou processo de negócio. Dois tipos de dependência podem ser identificados: [i] operacional, quando relacionada ao fluxo de trabalho; e [ii] autoritária, quando existe dependência criada por regras organizacionais ou relacionamentos de autoridade e poder.

Dois relacionamentos que fazem parte do modelo de atores e recursos são:

ISA: é usado para descrever relacionamentos de generalização entre papéis do modelo de atores e recursos. A expressão "A ISA B" significa que os componentes que desempenham o papel B também executam o papel A, ou seja, as propriedades e relacionamentos pertencentes a A são herdados por B.

PartOF: é usado como "B PartOF A" e significa que B é um componente de A.

A notação para os componentes do modelo de atores e recursos é apresentada na Figura 4.8, incluindo as possibilidades de generalização e de agregação.

a) Componentes   b) Relacionamentos:

```
<nome resumido>
<Nome
Completo>
```

———<nome do relacionamento>——▶

c) Generalização TOTAL:

```
Ator ou Papel 1
<Nome da Entidade>
```
É UM ●
```
Ator ou Papel 1.1            Ator ou Papel 1.2
<Nome da Entidade>           <Nome da Entidade>
```

d) Agregação TOTAL:

```
Entidade 2
<Nome da Entidade>
```
É PARTE DE ■
```
Entidade 2.1                 Entidade 2.2
<Nome da Entidade>           <Nome da Entidade>
```

e) Generalização PARCIAL:

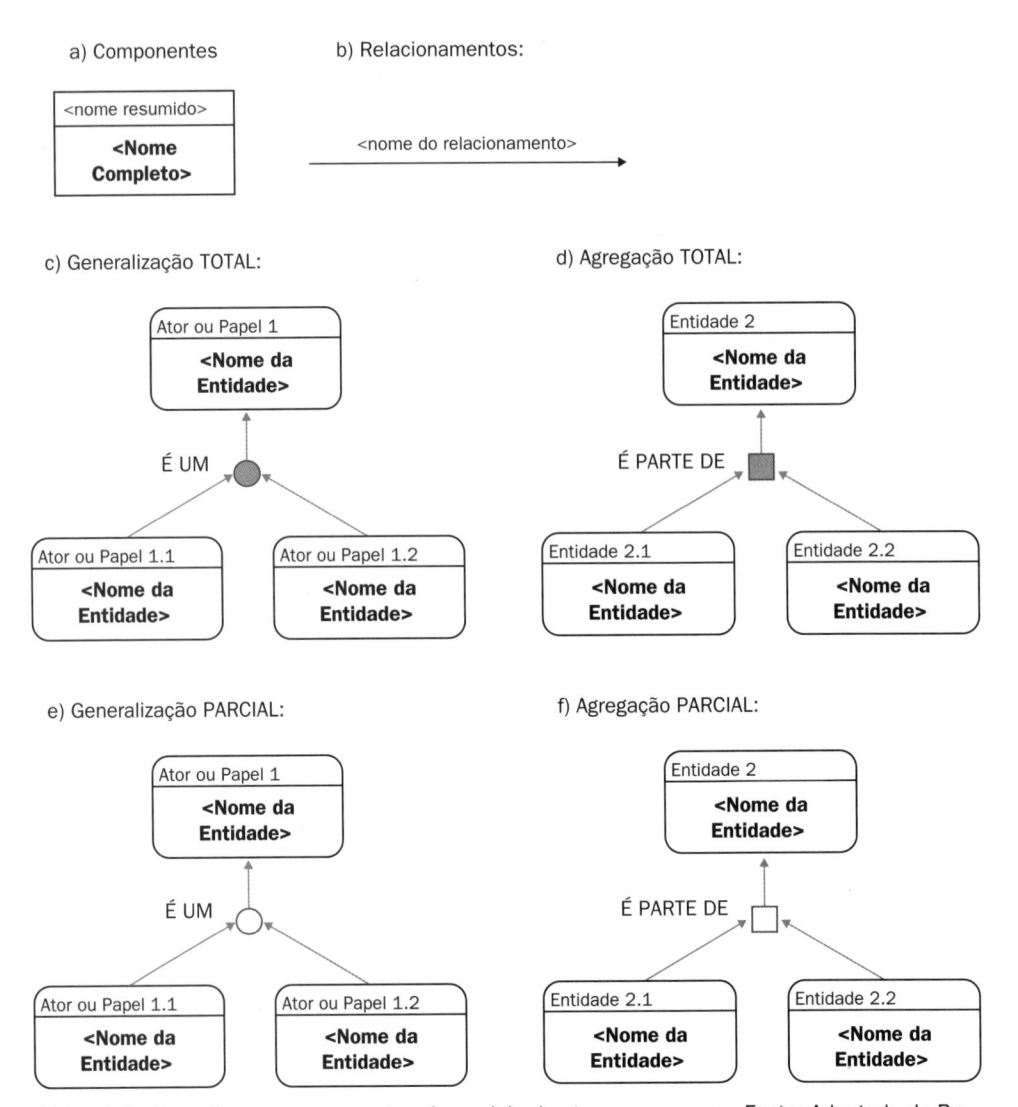

```
Ator ou Papel 1
<Nome da Entidade>
```
É UM ○
```
Ator ou Papel 1.1            Ator ou Papel 1.2
<Nome da Entidade>           <Nome da Entidade>
```

f) Agregação PARCIAL:

```
Entidade 2
<Nome da Entidade>
```
É PARTE DE □
```
Entidade 2.1                 Entidade 2.2
<Nome da Entidade>           <Nome da Entidade>
```

FIGURA 4.8 Notação para componentes do modelo de atores e recursos. Fonte: Adaptado de Bubenko *et al.*, 1998.

Para orientar o processo de modelagem de atores e recursos devem-se considerar as seguintes questões (Bubenko Jr.; Persson; Stirna, 2001b):

1. Quais são os principais atores dessa aplicação?
2. Como os atores estão relacionados?
3. Por que o ator é necessário?
4. Qual é o seu propósito?
5. Por quais processos o ator é responsável?
6. Quais processos esse ator realiza?

7. Quais são os objetivos deste ator?
8. Quais regras do negócio são definidas por esse ator?
9. Por quais regras de negócio esse ator é responsável?
10. Quais recursos esse ator possui?
11. Por quais recursos esse ator é responsável?

Interfaces com o modelo de atores e recursos

O modelo de atores e recursos do EKD possui interface com os modelos de atores e recursos, regras de negócio e objetivos. O modelo de atores e recursos é o modelo que define e que é responsável pelo modelo de objetivos, modelos de regras de negócio. Além disso, realiza e é responsável pelo modelo de processos de negócio e define o modelo de componentes e requisitos técnicos. Pádua, Cazarini e Inamasu (2004) descrevem as ligações do modelo de atores e recursos:

Ligações entre o modelo de objetivos e o modelo de atores e recursos motivam ou requerem a introdução de atores particulares, como agentes de relações de clientes (motivado pelo objetivo de melhorar relacionamentos com clientes). Descrevem os componentes do modelo de atores e recursos que são responsáveis por alcançar um objetivo ou defini-lo.

Ligações entre o modelo de atores e recursos e o modelo de regras do negócio descrevem como componentes diferentes do modelo de atores e recursos relacionam-se com as regras do negócio do modelo de processos de negócio. Exemplos de nomes de ligações: define, é responsável por.

Conforme Bubenko Jr., Persson e Stirna (2001b), os atores e recursos envolvidos nas atividades empresariais são considerados unidades organizacionais e individuais que cumprem papéis e utilizam recursos humanos e não humanos (físicos ou materiais). Os relacionamentos binários podem ser usados para descrever diferentes tipos de relacionamentos entre os componentes do modelo de atores e recursos. Os dois principais propósitos para esses relacionamentos são a definição de responsabilidades e as relações de dependência.

Estudo de caso: modelo de atores e recursos do serviço de estágios

O serviço de estágios (unidade organizacional 1), coordenado pelo chefe do serviço (papel 1), contrata o estagiário (papel 3), que é um aluno da universidade que recebe o pagamento mensalmente (recurso 5). O serviço de estágio também é responsável por cadastrar o aluno (recurso 4) e utiliza o sistema de folha de pagamento para pagar o estagiário (recurso 6). O responsável pelos processos (papel 2) cuida do processo (recurso 1), gera e altera o documento de estágio (recurso 2) baseado em um modelo de documento (recurso 3). O contratante (papel 5) pode ser de empresa não conveniada (unidade organizacional 2) ou de empresa conveniada (unidade organizacional 3), acessa ou tem um modelo de documento (recurso 3) e contrata o aluno (unidade individual 2) que por sua vez é orientado por um professor (unidade individual 3).

A Figura 4.9, na próxima página, apresenta o modelo de atores e recursos do serviço de estágios.

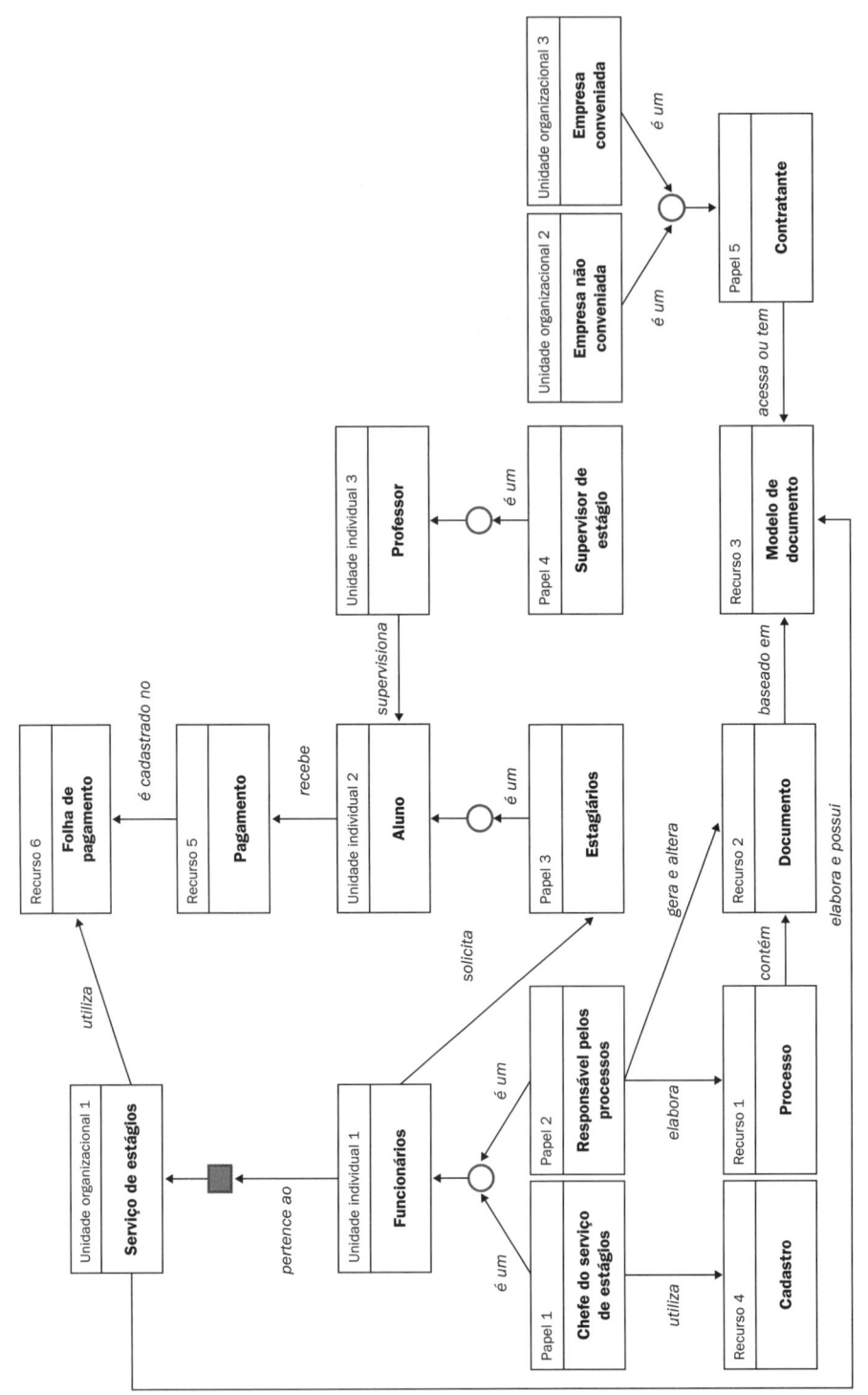

FIGURA 4.9 Modelo de atores e recursos de estágios. (Figura dos autores)

Considerações finais

A visão formal da organização se apoia na autoridade, ao definir uma estrutura hierárquica que atribui diferentes graus de autoridade aos indivíduos da organização. Durante mais de 100 anos, estrutura-planejamento-estratégia, era um trinômio inseparável. Atualmente, há uma separação desses conceitos, porque os sistemas de informação estão fornecendo apoio a ponto de se identificar "processos de negócio".

Portanto, se a visão de processos de negócio ainda possui um caráter mais conceitual do que prático, de certa forma, ela apresenta possibilidades complementares a hierarquia da organização. Os níveis intermediários da hierarquia foram eliminados nesse processo, pois basicamente eles eram mediadores de informação entre o chão de fábrica e a alta gerência. A tecnologia de informação permite a permeabilidade do fluxo de informação de uma maneira mais rápida, precisa e segura. A tecnologia de informação é o grande substituto do planejamento e da estratégia da forma como ocorria até o século XX.

A estrutura é importante ainda, pois permite que os processos sejam modelados. Os processos informais continuam a existir, mas a gerência lida com processos diversos. O importante é verificar a eficácia e a eficiência, e complementar com outros aspectos, como a liderança, por exemplo. As visões da organização são formas de somar conhecimentos complementares.

Segundo Leavitt (2005), a visão da administração de cima para baixo no exercício da autoridade permite que se identifiquem claramente os papéis da administração nos níveis mais altos e da gerência nos níveis intermediários. Para Leavitt (2005) há ainda um terceiro elemento que pode ser mais bem explorado pela média gerência: a liderança. A liderança impele as pessoas a trabalharem para atingir os objetivos pretendidos sem a necessidade do exercício da autoridade.

A abordagem da organização pelas competências essenciais relaciona-se, portanto, ao projeto estrutural orgânico, pois fornece elementos para identificar de maneira hierárquica recursos, capacidades, competências e competências essenciais.

A proposta de modelagem do EKD baseada em atores e recursos fornece uma possibilidade de representação identificando a unidade organizacional, a unidade individual, os recursos não humanos e os papéis. No entanto, é importante enfatizar que o modelo de atores e recursos não tem a finalidade de representar por si a estrutura organizacional da empresa, mas sim mostrar como atores e recursos se relacionam de forma a complementar o modelo de processos de negócio e ser influenciado por ele. Nesse sentido, representar tais relacionamentos evidencia a necessidade de quebra de barreiras organizacionais, identificando claramente o papel que cada ator desempenha na empresa.

Nesse contexto, a modelagem organizacional permite a identificação dos elementos da organização, direcionada para objetivos organizacionais, que são delimitados por regras de negócio, que por sua vez disparam os processos de negócio, que necessitam de atores e recursos para gerí-los e executá-los.

A modelagem necessita da participação dos indivíduos da organização para a elaboração do projeto organizacional enquanto complementa a visão funcionalista, a partir de um projeto organizacional que contempla tanto a visão funcionalista quanto a visão por processos de negócio.

Os atores definem e são responsáveis pelos objetivos organizacionais. Os objetivos organizacionais estão baseados em conceitos e para serem atingidos necessitam de regras que afetam e são definidas pelos objetivos. O conceito básico de organização é que ela existe para cumprir objetivos.

Como a definição de competência é interseção entre as tarefas a serem executadas com as habilidades requeridas para executar essas tarefas, sem a definição de objetivos, haveria dificuldades no sentido de identificar e atribuir tarefas.

O capítulo a seguir aborda os objetivos organizacionais responsáveis por articular atores e recursos em torno de processos de negócio. Sem essa articulação, teríamos apenas uma coleção de processos de negócios.

5
Objetivos organizacionais

Os objetivos organizacionais são alvos que direcionam a especificação das atividades e os esforços das pessoas. Sem os objetivos há desperdício e reais chances de ineficácia nas ações empreendidas. A declaração de objetivos facilita ao público externo compreender e aceitar as atividades da organização, tomando atitude favorável à sua existência (Daft, 1999).

Nesse sentido, esse capítulo busca definir o conceito de objetivos organizacionais no contexto da modelagem organizacional, discutindo o processo tradicional de planejamento e as mudanças introduzidas pela abordagem da administração por objetivos.

O processo tradicional de planejamento

O processo tradicional de planejamento é tipicamente descrito como um processo de cima para baixo na hierarquia da organização, muitas vezes com o auxílio de especialistas e, caracteristicamente, sem a participação dos funcionários, nem mesmo de gerentes.

No processo tradicional, ocorre "[...] o estabelecimento de metas no topo da hierarquia e o seu desdobramento em metas menores para cada nível da organização." Essa perspectiva tradicional pressupõe que a administração de topo sabe o que é melhor porque só ela pode ter uma "visão ampla" (Robbins; Coulter, 1998). Embora esse planejamento possa "funcionar bem em muitas situações", como em ambientes estáveis, "[...] frequentemente os departamentos centralizados de planejamento não estão a par das constantes mudanças." (Daft, 1999).

Além do mais, esses departamentos centralizados

> definem os objetivos da organização em termos [muito] amplos e estas ambiguidades [para os níveis inferiores] têm que ser transformadas em objetivos específicos. A cada nível, os administradores geram significado operacional para essas metas. A especificidade é alcançada pela interpretação de cada administrador. O resultado é que os objetivos muitas vezes carecem de clareza e unidade à medida que descem os níveis hierárquicos. (Robbins; Coulter, 1998)

Pode-se acrescentar que, nesse processo tradicional, "os planejadores cometam erros porque confiam (em demasia) em dados abstratos" e não realizam tarefas simples, que talvez sejam consideradas tarefas "inferiores" ou que os fazem "perder" o tempo de conversar com pessoas, como vendedores, supervisores e clientes (Daft, 1999).

Renovando o processo tradicional de planejamento

A fim de evitar o desinteresse dos gerentes, o não comprometimento do planejamento vindo do topo e a falta de clareza dos planos superiores,

> uma abordagem mais recente de planejamento é a assessoria de planejamento descentralizada, que se desenvolveu à medida em que os especialistas em planejamento foram designados para os principais departamentos e divisões, a fim de ajudar os gerentes a desenvolverem os seus próprios planos estratégicos. (Daft, 1999)

Uma variação dessa novidade foi a formação da força-tarefa de planejamento que "É um grupo temporário de gerentes de linhas que têm a responsabilidade de desenvolver um plano estratégico." (Daft, 1999). Essa renovação permitiu a participação, ainda que limitada, dos gerentes na formulação (ou sugestão) dos objetivos e dos planos superiores.

Administração por objetivos (APO)

Logo após a 2° Guerra Mundial, quando se pode falar de um movimento dos sistemas abertos influenciando as ideias do pensamento administrativo, teve o início da formalização de uma proposta de *administração por objetivos (APO)*. Como dizem Koontz O'Donnell e Weihrich (1987):

> Não é rigorosamente correto apontar uma única pessoa criadora de um enfoque de objetivos, pois o bom senso tem dito aos indivíduos, há séculos, que grupos e indivíduos esperam alcançar algum resultado. Entretanto, há certos indivíduos que por muito tempo têm dado ênfase à administração por objetivos, e por isso têm dado um impulso ao seu desenvolvimento como um sistema. Um deles é Peter Drucker.

O mesmo reconhecimento é feito por Robbins e Coulter (1998) ao registrarem que Peter Drucker foi quem descreveu a APO pela primeira vez – em nota de referência os autores, citam a obra *Prática de Administração de Empresas*. Certo e Peter (1993) também dizem que a APO foi popularizada principalmente pelas obras de Peter Drucker.

Qual seria o diferencial da administração por objetivos com relação ao processo tradicional? Para Robbins e Coulter (1998), "O apelo da APO reside em sua ênfase na conversão de objetivos genéricos em objetivos específicos para unidades organizacionais e membros individuais."

Em sua operação, a APO diferencia-se por estipular que superiores e subordinados irão realizar um processo conjunto de planejamento. De acordo com Schermerhorn (1999),

> [...] o superior e o subordinado estabelecem juntos os planos de comum acordo e do mesmo modo controlam os resultados. Os pontos acordados são: os objetivos de desempenho do subordinado por um determinado período de tempo; os planos por meio dos quais os objetivos serão realizados; os padrões para medir se os objetivos foram ou não alcançados; os procedimentos para a revisão dos resultados.

A Figura 5.1 apresenta uma síntese da administração por objetivos.

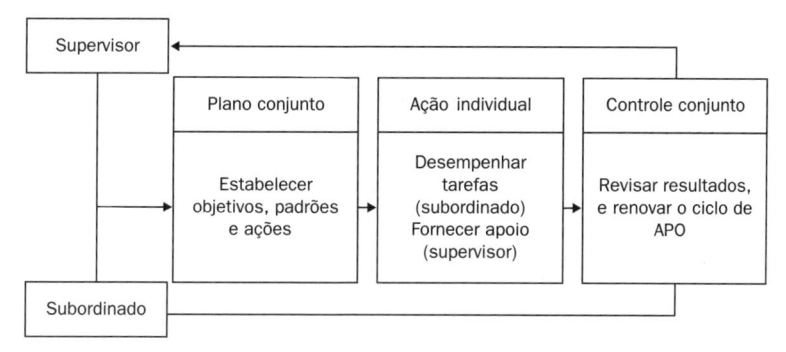

FIGURA 5.1 Administração por objetivos. Fonte: Schermerhorn (1999).

De maneira semelhante, mostrando o envolvimento dos objetivos organizacionais, Certo e Peter (1993) descrevem o processo da APO em cinco etapas, conforme a Figura 5.2.

O gerente recebe um claro entendimento dos objetivos gerais da organização. Em seguida, o gerente e o trabalhador se reúnem para tratar dos objetivos a serem alcançados pelo trabalhador até o final do período operacional normal. Em intervalos durante o período operacional normal, o gerente e o trabalhador verificam se os objetivos estão sendo alcançados. No final do período operacional, o desempenho do trabalhador é avaliado pela extensão com que atingiu os objetivos. As recompensas são dadas aos trabalhadores na medida em que realizam os objetivos.

A APO focaliza a relação face a face entre superior e subordinado, e estimula a participação do subordinado em assuntos de seu próprio trabalho. Para Schermerhorn (1999) é esse envolvimento dos subordinados no sucesso que possibilita e estimula o autocontrole. Essa visão está de acordo com trabalho de Douglas McGregor que "[...] em 1957 criticou os sistemas de avaliação de traços por exigirem que o administrador julgue o valor pessoal do subordinado, fazendo assim o "papel de Deus" e fez um veemente apelo no sentido da avaliação com base em objetivos preestabelecidos." (Koontz; O'Donnell; Weihrich, 1987). McGregor cita o autocontrole na proposição de sua Teoria Y.

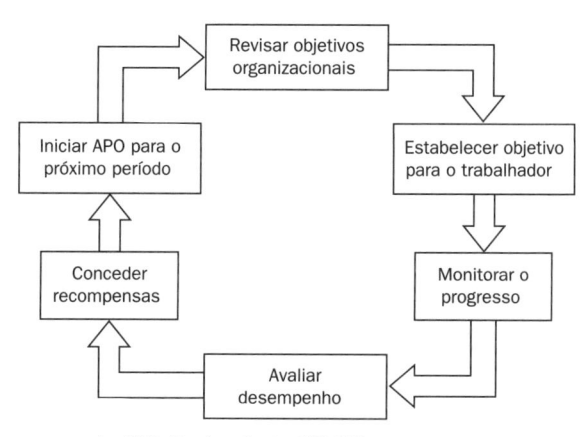

FIGURA 5.2 O processo de APO. Fonte: Certo (2003).

O ambiente empresarial contemporâneo transmite muitas incertezas à administração, e os objetivos auxiliam a enfrentar tais incertezas, pois permitem antecipar as ameaças externas e as oportunidades. Como a organização é constituída de muitos agrupamentos, pode haver um conflito interdepartamental caso os objetivos sejam estabelecidos independentemente. Para evitar desorientação, conflitos e desperdícios de recursos é formada uma hierarquia de objetivos de modo a organizar as atividades que irão contribuir com a realização dos objetivos. Para Schermerhorn (1999), "Uma hierarquia de objetivos é uma série de objetivos encadeados, de tal modo que cada objetivo de nível mais alto é apoiado por um ou mais objetivos de nível mais baixo." Essa hierarquia de objetivos é também chamada de cadeia meios fins, significando "[...] que objetivos de nível mais alto (fins) são ligados a objetivos de níveis mais baixos (meios)" (Robbins; Coulter, 1998). Como um objetivo funciona como meio para outro de nível superior, ele também é um fim para o objetivo do nível abaixo. Dessa forma, cria-se uma hierarquia – uma cadeia – de objetivos que permeia toda a organização, do topo até o nível hierárquico mais baixo, de tal forma que os objetivos criam uma rede organizada de atividades.

Formulação de objetivos

As organizações são criadas para realizar objetivos. Pode haver um objetivo principal que depende da realização de objetivos parciais. Os objetivos nas organizações devem ser formalizados. Mas a questão inicial é: como?

Alguns autores sugerem que tal formulação seja feita de forma coletiva, a partir de reunião em que ideias e sugestões de objetivos cheguem a consenso para a sua formalização. Entretanto, isso pode ser controverso, pois uma organização deve definir o seu foco considerando o mercado no qual ela atua, a sua linha de produtos e o que ela pretende conquistar no mercado.

Ao começar a abordar a organização em termos do mercado em que ela atua, no entanto, dois novos conceitos emergem: os conceitos de "empresa" e os de "negócios", que passam a ter um direcionamento mais específico e uma visão mais pragmática da formulação de objetivos, relativa a objetivos empresariais.

Os objetivos empresariais muitas vezes estão relacionados às características comportamentais e ao perfil de negócios do executivo e, nesse sentido, afastam-se do tipo ideal de burocracia weberiana, pois é dependente da personalidade do indivíduo. Ao ser dependente da personalidade do executivo, os objetivos podem se tornar casuísticos, dada a volatilidade do tempo de permanência do executivo na empresa.

Mas por que se formalizam os objetivos na organização?

Há uma corrente de pensamento administrativo que vê a necessidade de formalizar os objetivos organizacionais, pois somente com a formalização há uma compreensão, por parte das pessoas, do seu papel diante da organização. Essa vertente parte do pressuposto que o planejamento estratégico tem um caráter formal e que, ao não se definir formalmente os objetivos, a organização passa a não ter um planejamento estratégico.

Na corrente mais contemporânea, admite-se que nem sempre o planejamento estratégico tem que ter um caráter formal, ou seja, é possível planejar as questões estratégicas da empresa sem a necessidade de formalização. No caso das pequenas empresas, é possível identificar três situações: a empresa tem planejamento estratégico formal, informal ou não tem planejamento. A tecnologia de informação pode ser um instrumento para viabilizar diversas ações administrativas baseadas em um planejamento estratégico informal, pois ela permite registrar o que ocorre e facilita a gestão do conhecimento.

A formalização de objetivos é importante, pois o objetivo é um alvo que se pretende atingir, sendo possível avaliar a eficácia no seu cumprimento. Outro aspecto é a transparência das intenções organizacionais. Todos os membros da organização têm a oportunidade de visualizar e compreender o que a organização pretende atingir, o que enseja o aspecto motivacional e evita desperdício de recursos. Caso haja a necessidade de mudança, a formalização do objetivo orienta o que foi feito e o que pode ser feito.

A definição de uma hierarquia de objetivos (empresariais, departamentais, etc.) tem por finalidade um alinhamento que evite sobreposições e divergências. Os objetivos departamentais devem estar subordinados aos objetivos empresariais, que, por sua vez, estabelecem a visão normativa da organização. Abaixo do nível departamental, há o plano operacional, que pode estar diretamente ligado a um determinado setor da empresa, o qual está vinculado a um departamento. No plano operacional, podem-se definir metas a serem atingidas, as quais possuem como característica básica a possibilidade de ser medida, de ser quantificada.

Entretanto, como disfunção dessa visão hierárquica de objetivos é possível que se constituam departamentos com objetivos particulares sem o compromisso com os objetivos da empresa. Esse tipo de situação ocorre em organizações nas quais não há certo nível de liberdade que permita ao departamento em questão buscar os seus recursos, negociar prazos. A melhor eficácia para cumprir os objetivos empresariais está no elo mais fraco no nível operacional. Por mais que se busque um alinhamento e controle das ações em torno dos objetivos, é importante que todos os elos dessa cadeia tenham a flexibilidade necessária para cumpri-los. É no âmbito operacional que as ações ocorrem e, para que os objetivos sejam atingidos, é necessária uma boa articulação e consenso de todos os envolvidos.

Os objetivos são, portanto, planos ou produtos de um planejamento, de um cálculo deliberado por parte dos dirigentes. Em um primeiro momento, eram estabelecidos de cima para baixo, mas hoje a média gerência também participa da definição desses objetivos, de forma a torná-los mais tangíveis operacionalmente.

No modelo racional, há a tendência de procurar fazer o que é melhor para a organização de forma que os valores pessoais não interfiram na declaração dos objetivos. Na década de 1950, o dirigente estabelecia os objetivos usando seu julgamento pessoal do que seria melhor para a organização. Atualmente, a definição de objetivos está voltada para o negócio e tem o intuito de melhorar a competitividade da empresa. Entretanto, esse propósito não dispensa a participação e conjugação de outros, tais como responsabilidade social, responsabilidade ambiental e governança corporativa, qualidade de vida no trabalho, dentre outros.

O modelo racional de definição de objetivos é predominantemente utilizado e está alinhado com a utilização de sistemas de informação na organização. É importante ressaltar que isso não significa adotar um racionalismo puro a ponto de não considerar as pessoas, pois elas executam e influenciam os objetivos.

Na visão institucional de Selznick (1972) dos objetivos organizacionais, o esforço está em transformar a organização em uma instituição, dando um caráter permanente, baseado em valores. A instituição é um fim em si, ela deixa de ser o meio para realizar alguma coisa. Para compreender esse conceito é necessário separar a organização da empresa e do negócio.

A empresa é um conceito jurídico e um fenômeno econômico. Ela fabrica um produto que vai ser comercializado na sociedade. Mas o direito coloca no papel principal da empresa o empresário, que é como o "motor" da criação da empresa, produtor e responsável por ela. A lei que regula o direito empresarial concebe o "produto" e o "cliente". Os fins últimos da empresa são o lucro. Outros objetivos podem ser declarados (responsabilidade social, ambiental, etc.), mas para a lógica do empresário, na relação "produto" e "cliente", o objetivo é o lucro, e o próprio direito define tal conjunto como empresa. Caso contrário, poderia ser uma associação, uma ONG.

Quando o empresário visa ao lucro, tendo a empresa como meio, ele mira o negócio, conforme Drucker (1954). Para Drucker, só se empreende quando se encontra uma oportunidade de negócio. A exploração da oportunidade depende das competências da organização. Mas essa ligação não é óbvia, pois há várias alternativas para alocar competências e atender a alguma oportunidade. Por esse motivo, Drucker fala em missão como o propósito da organização, cuja definição é atribuição do empresário. Os recursos da organização e o ambiente externo não estabelecem ligação automática, mas é a missão dos negócios que fará essa ligação, que pode ter várias alternativas. É possível, por exemplo, surgir uma boa oportunidade, mas a empresa não ter as competências necessárias para viabilizá-la na perspectiva do negócio. É possível também a empresa dispor de competências para desenvolver um determinado negócio, mas não ter oportunidade. Portanto, é preciso casar as competências da empresas com as oportunidades para viabilizar um negócio.

A questão fundamental é: como conduzir a empresa a atender uma determinada oportunidade de negócio? Isso é fácil quando o empresário dispõe de três empregados, mas se torna difícil quando a empresa é constituída por 800 funcionários, pois é necessário, de alguma forma, comunicar essa intenção para todos para obter unicidade, eficácia e eficiência. Para determinar de maneira mais eficiente e eficaz o risco de empreender uma ação na direção de uma determinada oportunidade surgiu o conceito de organização no início do século XX. A organização faz o papel de meio de realização dos fins.

Na visão institucional, a organização passa a ser um fim em si mesma. Ela nunca deixa de existir, na lógica racional competitiva, adaptando-se às mudanças e se mantendo no mercado. A pequena empresa, nesse caso, dispensa a organização, pois a comunicação se dá de forma natural. No caso de uma grande empresa, é necessário formalizar um plano e declarar objetivos organizacionais para comunicar as intenções da empresa.

A maturidade da empresa é medida pelo seu grau de formalização. A função empresarial na organização pensa não os recursos empresariais, mas, sim, os princípios de gestão, propondo a formalização da administração financeira, logística, recursos humanos, etc. Ao declarar os objetivos na organização, acredita-se que é possível obter ganhos e viabilizar o negócio.

Tanto os aspectos formais quanto os informais são preocupações da gerência. Durante muito tempo, a administração estratégica das empresas tem trabalhado baseando-se no planejamento estratégico. Antigamente, a estratégia muitas vezes era utilizada como sinônimo de planejamento. Na visão contemporânea, o planejamento formaliza a estratégia, embora o planejamento seja um dos processos que existem na organização. Mas existem outros, que permitem uma compreensão complementar de diferentes aspectos igualmente importantes da organização.

Enquanto na teoria tais aspectos fazem sentido, na prática é necessário adicionar outras visões. A visão formal da organização apoia-se na autoridade, atribuída aos indivíduos por meio de estrutura hierárquica. Os sistemas de informação apoiam a identificação de processos de negócio, o que permite a separação dos conceitos relativos a estrutura, planejamento e estratégia, que até então eram abordados de forma conjunta.

Hammer e Champy (1994) disseram "esqueça tudo", organize a empresa por "processos de negócio". Davenport (1994) afirmou que trabalhar com processos de negócio era viável, que isso poderia ser desenvolvido com trabalho em equipe e que a tecnologia de informação seria o meio de viabilizar os processos de negócio nas empresas, mas que os departamentos continuariam existindo. A visão por processos de negócio complementa a visão da hierarquia da organização. A função da hierarquia em uma organização é mediar as informações entre os diferentes níveis. Entretanto, os níveis intermediários da hierarquia perderam parte dessa função com o desenvolvimento da tecnologia de informação. A tecnologia de informação permite a permeabilidade do fluxo de informação de uma maneira mais rápida, precisa e segura, sendo o grande substituto do planejamento e da estratégia da forma como ocorria até o século XX.

A estrutura ainda é importante, pois permite que os processos sejam modelados. Os processos informais continuam a existir, mas a gerência lida com processos diversos. O importante é verificar a eficácia e a eficiência e complementar com outros aspectos, como a liderança, por exemplo. As visões da organização são formas de somar conhecimentos complementares.

Perrow (1976) estudou os aspectos tecnológicos e seus efeitos para a organização, uma vez que toda organização tem uma tecnologia que define uma forma de processar as tarefas com implicações organizacionais. Em outra perspectiva, as organizações sofrem uma grande influência do ambiente externo. A organização, a empresa e o negócio têm fronteiras que são definidas a partir da amplitude do controle que a administração tem e de outros fatores que fogem do controle da organização, os quais estão relacionados ao ambiente externo.

Todas essas questões influenciam os objetivos organizacionais, mas a visão racional é a mais tangível e difundida.

Modelo de objetivos do EKD

O modelo de objetivos do EKD tem o propósito de descrever os objetivos da empresa e todas as questões associadas para atingi-los. Assim, serve como um meio importante para esclarecer questões sobre: (1) os rumos que a empresa deveria seguir; (2) quais objetivos são prioritários; e (3) qual o relacionamento entre os objetivos e quais os problemas ocultos na realização das metas. A construção do modelo de objetivos pode envolver cinco tipos de componentes que, por meio de ligações, exprimem as metas da organização (Bubenko Jr.; Persson; Stirna, 2001b):

Objetivo: é usado para declarar o estado do negócio que se deseja alcançar.

Problema: é usado para expressar que o ambiente está ou pode ficar em um estado não desejado que dificulte alcançar os objetivos. Os problemas podem ser especificados em dois subtipos: ponto fraco e ameaça.

Ponto fraco: trata-se de um tipo de problema que descreve fatores que podem diminuir a possibilidade de alcançar um objetivo. Nesse caso, a organização tem os recursos e o conhecimento para reduzir os efeitos do problema.

Ameaça: é um tipo de problema no qual a empresa tem recursos para reduzir seus efeitos, mas não tem o conhecimento requerido.

Causa: é usada para demonstrar explicações ou razões para os problemas. Causas são usualmente situações ou estados fora do controle do projeto, processo ou da organização.

Restrição: é usada para expressar restrições do negócio, leis, regras ou políticas do mundo externo. As regras internas do negócio e as políticas da organização são definidas no modelo de regras do negócio.

Oportunidade: é usada para expressar recursos ou vantagens que podem tornar certos objetivos mais fáceis de alcançar.

Esses cinco componentes do modelo de objetivos são relacionados por meio de ligações semânticas monodirecionais, cujos principais tipos são apoio, impedimento e conflitos. Assim, os tipos de ligações entre os componentes devem ser empregados para representar diferentes formas de relacionamento:

Apoio: é usado para refinar ou decompor objetivos e outros componentes.

Impedimento: é utilizado para mostrar as influências negativas entre os componentes do modelo de objetivos, podendo ser considerado oposto ao relacionamento de apoio.

Conflito: é empregado para definir situações em que, ao se alcançar um objetivo, haverá um conflito com outro.

Em alguns casos, para obter maior clareza dos objetivos declarados, é necessário decompor os objetivos (em alto nível de abstração) em subobjetivos que apresentem informações mais detalhadas sobre o objetivo.

Esse refinamento pode ser realizado utilizando dois tipos de relacionamento: E/OU. De um lado, o relacionamento E representa um conjunto de subobjetivos únicos que são necessários para satisfazer e apoiar o objetivo original. Por exemplo, na Figura 5.3, o Objetivo 1 é refinado em Objetivos 1.1 e 1.2. Isso significa que para atingir o Objetivo 1 é necessário atingir os Objetivos 1.1 e 1.2 simultaneamente. De outro lado, o relacionamento do tipo OU representa um conjunto de subobjetivos alternativos, em que para atingir o objetivo original é suficiente satisfazer apenas um objetivo do conjunto. (Figura 5.3)

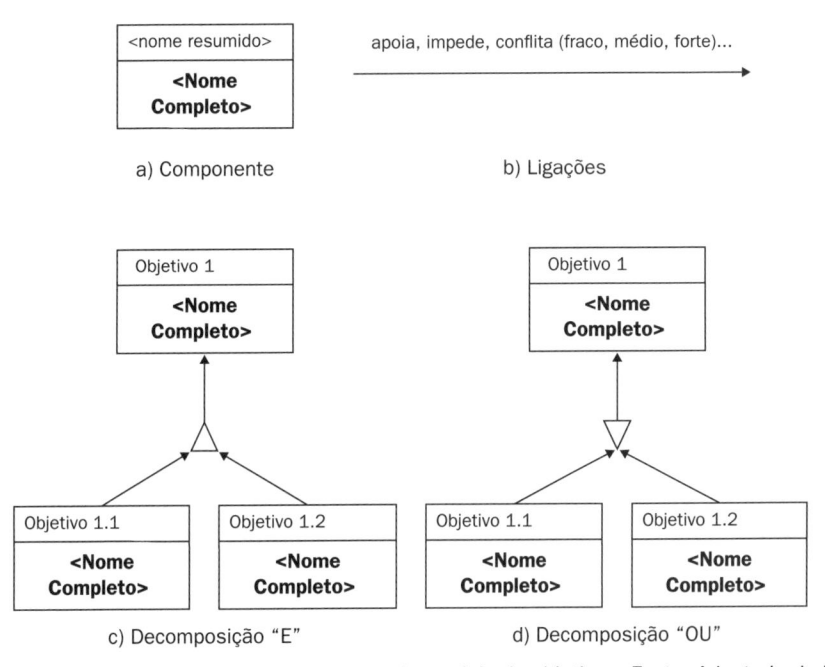

FIGURA 5.3 Notação para os componentes do modelo de objetivos. Fonte: Adaptado de Bubenko et al., 1998.

Para facilitar essa etapa do processo de modelagem algumas questões devem ser consideradas:

1. Quais são as estratégias dessa parte da organização?
2. Existem políticas declaradas que podem influenciar esse modelo?
3. Quais convenções, regras, regulamentos e leis são relevantes?
4. O que a organização gostaria de alcançar?
5. Existe algum problema particular impedindo o objetivo?
6. Esse problema está relacionado com algum objetivo particular?
7. Qual é a causa desse problema?
8. Como esse problema poderia ser eliminado?
9. Existem algumas oportunidades particulares que poderiam ser usadas?
10. Quais ações poderiam ser tomadas para melhorar a situação?
11. Como esse objetivo pode ser alcançado?
12. Esse objetivo pode ser definido em termos operacionais, dando um número de subobjetivos de apoio?

Interfaces com o modelo de objetivos

O modelo de objetivos do EKD possui interface com os modelos de atores e recursos, conceitos, processos de negócio e regras de negócio. Pádua, Cazarini e Inamasu (2004) descrevem as ligações do modelo de objetivos:

Ligações entre o modelo de objetivos e o modelo de atores e recursos motivam ou requererem a introdução de novos atores particulares, como agentes de relações de clientes (motivados pelo objetivo de melhorar relacionamentos com clientes). Além disso, descrevem quais componentes do modelo de atores e recursos são responsáveis por alcançar um objetivo particular ou defini-lo.

Ligações entre o modelo de objetivos e o modelo de conceitos descrevem componentes do modelo de objetivos que referenciam entidades do modelo de conceitos. Por exemplo, o objetivo "Melhorar a satisfação do cliente" deveria referenciar o conceito "Cliente" no modelo de conceitos.

Ligações entre o modelo de objetivos e o modelo de processos de negócio relacionam objetivos do modelo de objetivos a processos do modelo de processos de negócios com o relacionamento "motiva". Por exemplo, "Melhorar a satisfação do cliente" poderia, inicialmente, motivar um particular processo de alto nível da organização, como "Monitoramento das Relações com Cliente".

Ligações entre o modelo de objetivos e o modelo de regras do negócio descrevem como componentes diferentes do modelo de objetivos são implementados em termos de regras do negócio no modelo de regras do negócio. Por exemplo, o objetivo "Registrar Maus Clientes" declarado no modelo de objetivos requer uma regra do negócio no modelo de regras do negócio, que declara como, exatamente, isso deve ser distinguido, como "Cliente é considerado mau cliente se demorar mais do que quatro semanas para efetuar pagamento".

Estudo de caso: modelo de objetivos de estágios de alunos

O gerenciamento dos estágios (objetivo 1) é apoiado por administrar os novos estagiários (objetivo 2), motivar contato entre as empresas e alunos que necessitam de estágio (objetivo 4) e intermediar o estágio de alunos (objetivo 3). A intermediação de estágio de alunos (objetivo 3) permite estabelecer convênios (oportunidade), mas pode ser prejudicada por falta ou inconsistência de dados nos documentos (problema 1). Entretanto, a intermediação de estágios (objetivo 3) é apoiada pela garantia de documentos para o estágio (objetivo 3.1) e pela garantia de cadastro e manutenção de cadastro dos alunos estagiários (objetivo 3.2). Tais garantias podem ser melhoradas ao se estabelecer um meio de comunicação direto entre o serviço de estágios e as empresas por *e-mail* e *site* com os modelos disponíveis. A Figura 5.4 apresenta o modelo de objetivos.

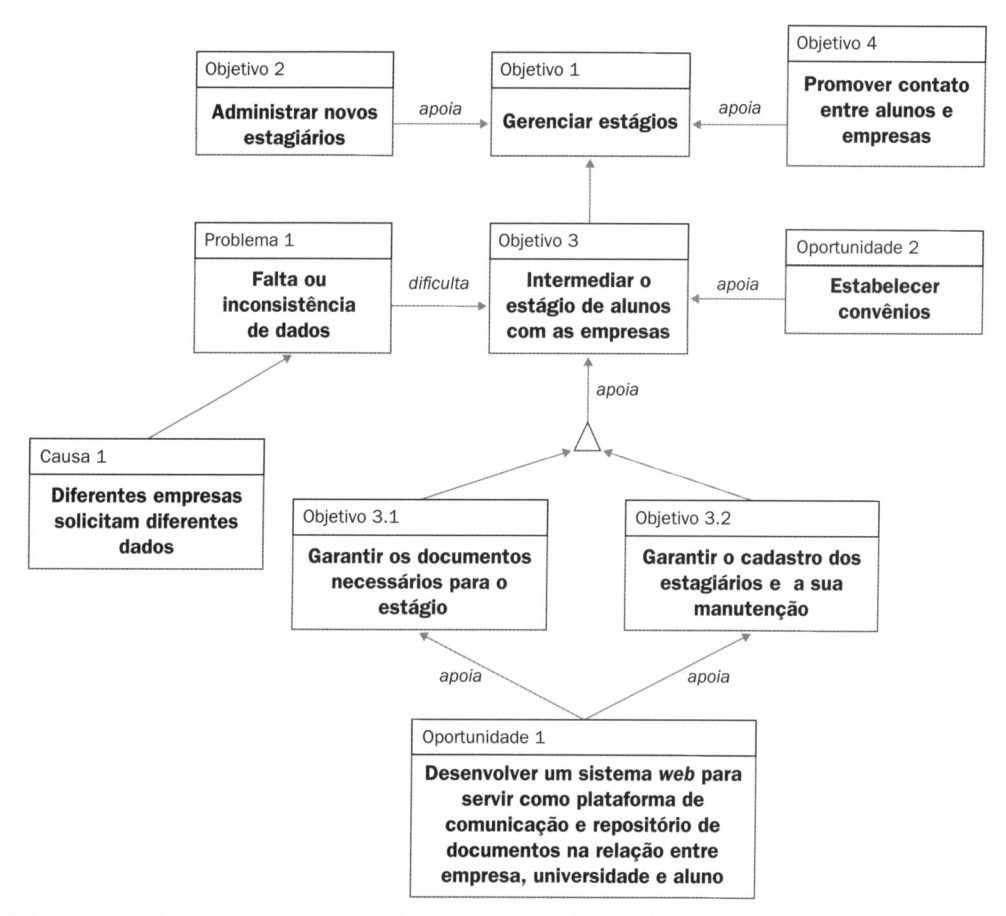

```
                                    Objetivo 4
   Objetivo 2            Objetivo 1           Promover contato
   Administrar novos  apoia  Gerenciar estágios  apoia  entre alunos e
   estagiários                                  empresas


   Problema 1           Objetivo 3            Oportunidade 2
   Falta ou            Intermediar o
   inconsistência  dificulta  estágio de alunos  apoia  Estabelecer
   de dados            com as empresas           convênios

                          apoia

   Causa 1
   Diferentes empresas
   solicitam diferentes   Objetivo 3.1         Objetivo 3.2
   dados                 Garantir os documentos  Garantir o cadastro dos
                         necessários para o      estagiários e a sua
                         estágio                 manutenção

                              apoia      apoia

                         Oportunidade 1
                         Desenvolver um sistema web para
                         servir como plataforma de
                         comunicação e repositório de
                         documentos na relação entre
                         empresa, universidade e aluno
```

FIGURA 5.4 Modelo de objetivos de estágios de alunos. (Figura dos autores)

Considerações finais

Os objetivos organizacionais podem receber diversas denominações e ser considerados sob diversas vertentes. Lipton (1996) afirma que a visão organizacional obtida a partir de um consenso pode ser um processo contraproducente. A questão fundamental é, uma vez comunicada a visão ou objetivo organizacional, cada membro da organização deve perguntar-se qual o seu papel e compromisso com a visão ou objetivo organizacional.

De acordo com Filion e Coutinho (1991), o principal fator de apoio para a proposição de uma visão depende das relações do empreendedor, além de fatores ligados à liderança, energia e percepção individual (condicionada aos valores individuais).

Collins e Porras (1996) analisaram as práticas de formulação de objetivos organizacionais de grandes corporações privadas e públicas e concluem que o fator mais importante é criar um alinhamento de objetivos em um contexto efetivo para construir a visão da companhia.

A metodologia EKD propõe definições específicas para cada elemento a ser utilizado na formulação do modelo de objetivos. Cada elemento interage com os modelos de atores e recursos, conceitos, processos e regras de negócio, o que permite concluir que a modelagem organizacional proposta pelo EKD permite declarar objetivos para todo o tipo de organização, mesmo que os objetivos, no caso da pequena empresa, sejam evidentes, dada a facilidade de sua comunicação para todos os membros.

Todo o objetivo deve ter uma regra associada. Sem regra, o objetivo não pode ser cumprido e toda a regra deve estar associada a um objetivo, caso contrário, não tem razão de existir. As regras devem disparar os processos que por sua vez devem ter atores responsáveis por eles.

O capítulo sobre regras de negócio, a seguir, discute sua relação com os objetivos organizacionais. Diferentemente da abordagem teórica feita até esse capítulo, os conceitos relativos às regras de negócio originaram-se na computação para apoiar o desenvolvimento de *software*. Ao descrever o submodelo de regras de negócio observa-se a ligação com os demais submodelos do EKD.

6
Regras de negócio[1]

Apesar das novas e eficientes técnicas de engenharia de *software*, os projetos de desenvolvimento de *software* continuam muitas vezes não atendendo às expectativas dos clientes por extrapolarem prazos e orçamentos, além de não satisfazerem completamente o usuário. Muitos problemas ocorrem por falhas no processo desses, consequência, sobretudo, das definições de requisitos de *software* incompletas e inconsistentes.

As atividades de análise são responsáveis por 50 a 60% de todos os erros do *software*. Ao dar mais atenção ao processo de análise, obtém-se uma grande redução nos custos de desenvolvimento e manutenção. A engenharia de requisitos é um vasto campo de pesquisa da engenharia de *software*. De acordo com Zanlorenci e Burnett (1998), descobrimento, documentação e gerenciamento de requisitos caracterizam as etapas fundamentais do processo. Antoniou (1998) explica que a engenharia de requisitos constrói uma ponte entre as necessidades e características externas de um lado e o projeto de *software* e o desenvolvedor do outro. Zanlorenci e Burnett (1998) definem requisitos como fenômenos que ocorrem no ambiente ou domínio da aplicação. Larman (1999) descreve requisitos como desejos para um produto.

Jacobson, Booch e Reumbauch (1998) mostram que requisito é usado como senso geral, significando necessidade. De acordo com Pressman (1994), os requisitos de *software* devem ser descobertos de maneira *top-down* (de cima para baixo); as grandes funções, interfaces e informações devem ser completamente entendidas antes de a sucessiva camada de detalhes ser especificada. Na técnica *top-down*, os objetos principais são fixados pela alta administração da empresa, partindo, portanto, das visões e premissas do nível estratégico, incorporando e inter-relacionando o nível tático, para finalmente estabelecer os objetos e os parâmetros do nível operacional, que devem ser coerentes e compatíveis com os anteriores (Feliciano Neto; Furlan; Higa, 1988). Larman (1999) e Jacobson, Booch e Reumbauch (1998) sugerem os seguintes artefatos para a fase de engenharia de requisitos: avaliar o ambiente e conhecer quem são os clientes, quais são as metas do negócio, as funções e os atributos do sistema. Muitas pessoas desenvolvem *software* usando métodos obsoletos que, se não forem atualizados, não permitirão atingir a meta exigida pelo mercado atual.

---

[1] Este capítulo é uma compilação com adição da metodologia EKD e do estudo de caso de Dallavalle e Cazarini (2000).

De acordo com Kotonya e Sommerville (1996), em sistemas pequenos, os custos da engenharia de requisitos ficam por volta de 10% do orçamento total, enquanto nos sistemas maiores o custo médio é de 15%. Quando os requisitos são especificados incorretamente, o sistema pode ser entregue com atraso e a um custo maior do que o esperado. O cliente e o usuário não ficarão satisfeitos com o sistema e, em muitos casos, não o utilizarão, podendo até mesmo descartá-lo completamente.

O analista de sistemas tem habilidade para descrever a empresa em termos da estrutura de dados utilizada e funções que realiza, mas tende a negligenciar as restrições com as quais a organização opera (Hay; Hearly, 1997). Souza e Castro (1998) sugerem que, para o sucesso do desenvolvimento de sistemas, é necessário ter certas propriedades na definição de requisitos, como requisitos completos, corretos, não ambíguos, consistentes, modificáveis e de fácil entendimento. Stergiou e Johnson (1998) citam o buraco entre negócios e a tecnologia da informação como um grande problema das organizações e dos sistemas. Muitas organizações têm reconhecido que, para ser flexível em um ambiente de crescente competitividade, é importante ter um claro entendimento das regras do negócio da organização. O entendimento dos aspectos sociais, organizacionais, técnicos, jurídicos e econômicos é fundamental para a realização de um bom trabalho de engenharia de requisitos. Tradicionalmente, os modelos utilizados são relacionados com aspectos da funcionalidade dos sistemas, com o "que" e o "como" fazer, apenas permitindo descrições de entidades e de atividades, e não com o "por que" fazer, que envolve aspectos dos processos decisórios existentes. Assim, esse capítulo mostra algumas abordagens distintas de regras do negócio e sua importância para a definição de requisitos de sistemas.

O que são regras de negócio?

Regras do negócio são componentes de um sistema de informação organizacional cuja importância tem sido reconhecida nos últimos anos. De acordo com Leite e Leonardi (1998), as regras do negócio representam um importante conceito dentro do processo de definição de requisitos para sistemas de informação e devem ser vistas como uma declaração genérica sobre a organização. Regras do negócio, segundo Rosca e colaboradores (1997), são uma nova categoria de requisitos do sistema que representam decisões sobre como executar o negócio. Leite e Leonardi (1998) entendem regras do negócio como algo diferente de requisitos:

> Regras do negócio são declarações sobre a forma de a empresa fazer negócio. Elas refletem políticas do negócio. Organizações têm políticas para satisfazer os objetivos do negócio, satisfazer clientes, fazer bom uso dos recursos, e obedecer às leis ou convenções gerais do negócio. Regras do negócio tornam-se requisitos, ou seja, podem ser implementados em um sistema de *software* como uma forma de requisitos de *software* desse sistema.

O principal argumento de Leite e Leonardi (1998) é o de que regras do negócio são declarações-resumo, as quais podem ser implementadas em diferentes formas por diferentes procedimentos.

Gottesdiener (1997) afirma que as regras do negócio podem oferecer muitos benefícios: rapidez no desenvolvimento de *software*, melhor qualidade dos requisitos, facilidade de mudança e balanceamento entre flexibilidade e controle centralizado. A pesquisa sobre regras do negócio direciona para a verdadeira integração entre pessoas do negócio e da tecnologia. O autor afirma que, ao permitir que as regras do negócio sejam definidas e gerenciadas separadamente, fazendo uma ligação com a engenharia de *software*, gerando e mantendo aplicações dessas regras, tem-se um excelente potencial para evoluir o estado da arte de sistemas de informação.

Herbst (1996) explica que, com os progressos ocorridos no nível de implementação, tem sido enfatizado o tratamento das regras do negócio. Para o autor, as regras do negócio cobrem a integridade dos dados, as restrições da dinâmica organizacional e fornece uma declaração de como o negócio é feito. Elas são elementos importantes de muitas pesquisas de teoria organizacional, como Administração Científica de Taylor e o Modelo da Burocracia de Weber. Para Leite e Leonardi (1998), as regras do negócio são uma ponte entre o modelo empresarial e o sistema operacional, e são derivadas do modelo de apoio à decisão.

Segundo Kilov e Simmonds (1997), a definição de regras do negócio não menciona computadores, *software*, linguagens de programação, base de dados ou alguma outra tecnologia. Uma regra do negócio deve ser feita explicitamente e ser aprovada por uma pessoa competente do negócio.

Na visão de Ould (1995 apud Stergiou; Johnson, 1998), as regras do negócio podem ser apresentadas na forma de políticas, procedimentos, padrões, níveis de responsabilidade, mecanismos de autorização e delegação.

Segundo Ceri e Fratemale (1997 apud Leite; Leonardi, 1998), as regras do negócio respondem às necessidades da aplicação, modelam a reação dos eventos que ocorrem no mundo real, com efeitos tangíveis no conteúdo da base de dados, assim como encapsulam o comportamento reativo da aplicação para tais eventos. As regras de negócio, para Rosca e colaboradores (1997), tornam-se requisitos que governam o sistema operacional da organização, e esses requisitos determinam como o negócio é executado atualmente. Podem ser originados dos objetivos organizacionais e, em geral, são declarações sobre a forma da organização realizar o negócio, refletindo políticas, procedimentos e restrições, e fazendo bom uso dos recursos, de acordo com as leis e convenções do negócio.

Hoydalsvik e Sindre (1993) afirmam que uma das principais motivações para buscar regras do negócio diretamente na fase de análise é facilitar a manutenção de sistema, uma vez que atuar na fase de análise torna mais fácil fazer mudanças necessárias no sistema quando as regras do negócio se modificarem.

Gottesdiener (1997) afirma que essa é ainda uma nova área de pesquisa. As regras do negócio estão começando a ser reconhecidas como um conceito distinto, uma prática, uma metodologia e/ou uma técnica de requisitos. Para o autor, as regras do negócio são uma declaração que define ou restringe algum aspecto do negócio, pretendendo-se afirmar a estrutura do negócio ou controlar ou influenciar o seu comportamento. Rosca e colaboradores (1997) afirmam que muitos requisitos caem na categoria conhecida como regras do negócio, a qual expressa requisitos computacionais que determinam ou afetam como o negócio é realizado. As regras do negócio enfocam como os clientes são tratados, como os recursos são gerenciados ou como as situações especiais são tratadas cumprindo processos do negócio.

As regras do negócio representam as decisões do negócio para cumprir esse trabalho de prover o serviço ao cliente. Assim, elas compreendem um conjunto importante de requisitos de um sistema sendo desenvolvido ou obtido pela organização.

Regras do negócio na organização

Gottesdiener (1997) afirma que cada regra do negócio deve ser decomposta em outras regras discretas do negócio. O autor cita o seguinte exemplo: uma pessoa do negócio pode afirmar: "o número total de produtos regularizados vendidos no país não deve exceder o limiar definido pelos limites reguladores do país de origem". Essa declaração contém termos para pessoas já familiarizadas com o negócio e contém muitas regras discretas do negócio. A declaração traz implicitamente: definições ('produtos regularizados' e 'país'), derivações ('número total de', 'limiar'), fatos ('produtos vendidos no país', 'limites definidos pelo país de origem') e restrições ('total' e 'não exceder limites').

Uma regra do negócio pode ser decomposta até uma forma elementar, como um átomo (indivisível), até ser suficiente para se referir a um único conceito. A regra do negócio não contém declarações de controle de fluxo, tipicamente encontradas em lógica de programação, e deve ser escrita de forma declarativa (não procedural), usando uma gramática padrão, uma linguagem natural que as pessoas do negócio possam ler e entender de forma não ambígua (Gottesdiener, 1997).

Segundo Herbst (1996), o principal objetivo da análise de sistemas é colecionar todas as informações relevantes do universo do discurso, ou seja, de todo o contexto no qual o *software* será desenvolvido, operado e mantido. Isso inclui todas as fontes de informação e todas as pessoas relacionadas com a aplicação. Essas pessoas são chamadas atores. O universo do discurso é, na realidade, composto pelos objetivos estabelecidos pelo cliente (Leite; Leonardi, 1998).

O que há em comum entre as pesquisas sobre a organização é que certas partes (da organização) podem e devem ser descritas por regras formalizadas e que existem regras que não devem ser formalizadas. Para Herbst (1996), o desenvolvimento de sistemas de informação leva a descrições detalhadas e formalizadas de todos os fatos, as quais são implementadas e executadas automaticamente. Entretanto, existem muitas exceções às regras, que em processos informatizados, muitas vezes, não podem ser processadas corretamente sem intervenção manual. O autor sugere os seguintes passos para a análise de sistemas focando em regras do negócio: definir hierarquicamente o processo do universo do discurso, coletar todos os fatos relevantes para os processos e especificá-los como regras de negócio. De acordo com a Figura 6.1, as especifi-

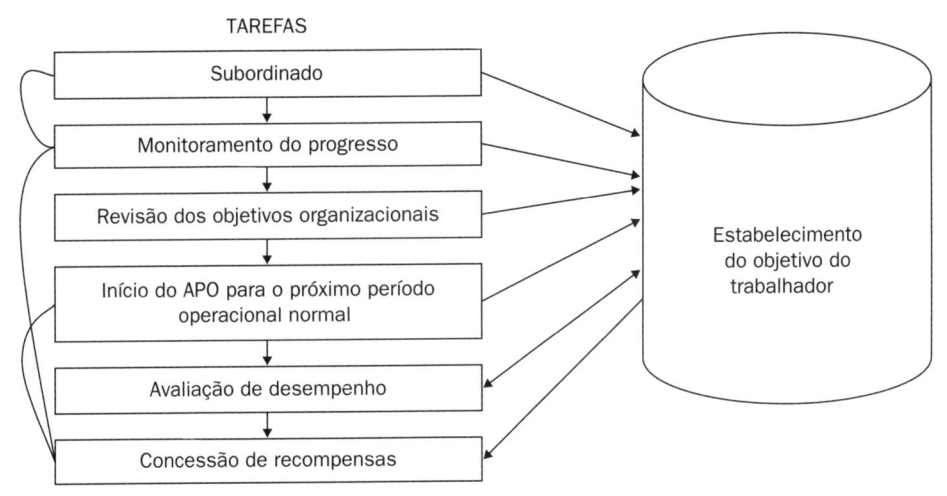

FIGURA 6.1 Análise de sistemas baseada em regras de negócio. Fonte: Herbst (1996).

cações podem ser usadas no projeto e na implementação do sistema, depois de verificadas e validadas.

Representação de regras do negócio

Diferente de Gottesdiener (1997), que afirma que as regras do negócio devem ser escritas de forma declarativa, usando gramática padrão, Herbst (1996) sugere que as regras do negócio sejam representadas de acordo com as regras das bases de dados ativas, usando três componentes básicos: evento, condição e ação (ECA). Muitos estudos de caso para extrair regras do negócio foram aplicados em sistemas de informação e revelaram a necessidade da extensão dessa estrutura para ECAA (evento, condição, então-ação, se não-ação). Para o evento, deve ficar explícito quando a regra do negócio tem que ser processada. Para a condição, é importante saber o que deve ser verificado e o que tem que ser feito caso a condição for verdadeira ou falsa.

Herbst (1996) explica que a estrutura ECAA permite especificar regras do negócio individualmente e a definição de processos completos. Segundo o autor, a linha que divide a integridade e o processo é confusa, e algumas pesquisas tentam separar esses dois aspectos. Essa separação é muito artificial e pode deixar vazios no processo de especificação, porque a avaliação da integridade da semântica pode ser parte do processo, e isso poderia resultar em chamadas a outros processos. A condição da integridade corresponde à parte da condição da regra do negócio a qual abrange o evento que pode disparar a avaliação da propriedade, e a ação depende do resultado. Para a especificação do processo é necessário ligar o componente da ação da regra do negócio aos eventos, os quais podem disparar outras regras do negócio.

A ontologia do modelo empresarial, quando examinada em nível mais detalhado, se mostra na forma de eventos de restrições, de condições e de ações.

Para Rosca e colaboradores (1997), ECA tem uma melhor definição de semântica operacional, e os mais diversos tipos de regras podem ser traduzidos tornando simples construir uma interpretação para elas. No momento em que o evento ocorre, se a condição for verdadeira, então a ação é iniciada. Os eventos, as condições e as ações são formulados como expressões no objeto do modelo organizacional. Regras ECA geralmente são mais aplicadas do que parece. Bubenko Jr. e Wangler (1993) discutem o uso de regras similares, interpretações prudentes de casos especiais (tais como negligenciar significados por omitir um dos componentes da regra), permissão para as regras ECA expressarem muitos tipos de regras do negócio na taxonomia. Adicionalmente, uma regra ECA pode ser usada para expressar a semântica não operacional como, por exemplo, os objetivos da organização.

Rosca e colaboradores (1997) propõem uma metodologia que se estende por todas as fases do ciclo de vida das regras do negócio: aquisição, desenvolvimento, mudança em resposta às mudanças na influência externa ou interna e mudanças baseadas na evolução do nível de satisfação dos requisitos. Na seção seguinte, será apresentada uma abordagem diferente de regras do negócio, baseada em linguagem natural.

Regras do negócio como *baseline* de requisitos

Leite e Leonardi (1998) estudaram a inclusão de regras do negócio como um elemento de *baseline*, sendo baseado em descrições em linguagem natural. A identificação e a inclusão das regras do negócio na *baseline* dos requisitos ajudará na identificação dos requisitos do *software*.

O termo *baseline* não tem uma tradução definitiva. Utiliza-se muitas vezes a palavra "base" ou "referência" como equivalente. Na verdade, o sentido é uma combinação desses dois termos. A *baseline* é uma referência para direcionar o desenvolvimento de *software*. *Baseline* de requisitos é um conjunto de representações que evoluem no tempo, e tais representações são sempre o referencial do *software* em questão.

De acordo com Leite e Oliveira (1995), a *baseline* é a estrutura que incorpora sentenças em linguagem natural sobre o sistema desejado, sendo criada durante o processo de engenharia de requisitos, mantendo-se envolvida no processo de construção do *software*. Os autores estruturam a *baseline* como:

Visão do modelo léxico: é implementada pela LEL (*Language Extended Lexicon*) e é centrada na ideia de descrições circulares de termos da linguagem que melhoram a compreensão do ambiente onde o *software* será inserido.

Visão do modelo básico: é uma sentença de estrutura centrada no conceito básico de identificação de ações dos clientes, como uma forma indireta de procurar as informações necessárias para apoiar as decisões do negócio.

Visão do modelo de cenário: representa os cenários e as descrições dos comportamentos. Cada cenário é descrito por título, objetivo, um contexto, atores, pesquisa e uma série de episódios. Um episódio também pode ser um cenário.

Visão de hipertexto: apoia a evolução e apresentação de outras visões e permite a navegação pelas *baselines* dos requisitos como um hipertexto regular.

Visão configuração: tem um mecanismo para controlar configurações e versões das visões dos modelos: léxico, básico e de cenário.

A proposta de Leite e Leonardi (1998) é integrar regras do negócio com a visão de *baseline* de requisitos (Figura 6.2).

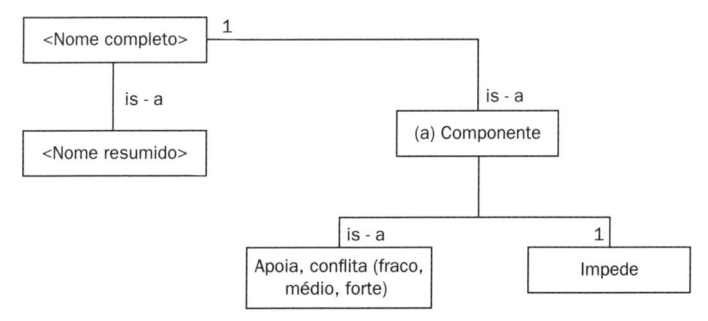

FIGURA 6.2 Taxonomia de regras de negócio. Fonte: Leite e Leonardi (1998).

De acordo com os autores, as regras funcionais do negócio são relativas às ações da organização e seguem o seguinte padrão: Frase Não Verbal + Verbo + [Frase Não Verbal], como, por exemplo: A reunião pode ser replanejada ou cancelada. As regras não funcionais descrevem políticas ou padrões que a organização deve seguir. Podem ser classificadas em regras do macrossistema e de qualidade. As regras do macrossistema descrevem as políticas que são relatadas para características específicas do Universo do Discurso e têm o seguinte padrão: [Propriedade] + Frase Não verbal + Relação + [Propriedade] + Frase Não Verbal, uma vez que:

Propriedade é a frase que tem a característica de uma Frase Não Verbal;
Frase Não Verbal é a frase que deveria ser uma entrada na LEL;
Relação é uma Frase Verbal;
Propriedade e relação podem ser uma entrada na LEL.
Por exemplo:

O salário do empregado sênior deve ser maior do que o salário do empregado júnior.

Propriedade   Frase Não Verbal   Relação   Propriedade   Frase Não Verbal

As regras de qualidade são demandas da organização e das características dos processos ou produtos que geralmente refletem políticas para padrões de qualidade ou expectativas da organização. As regras de qualidade possuem o seguinte padrão: Frase Não Verbal + [Deveria | Não Deveria | Ser Preciso | Não Ser Preciso] + Frase Verbal + Propriedade + [Por Que + Causa]. Exemplo:

A informação sobre a data da reunião tem que ser avaliada tão logo for possível por que os participantes têm que modificar suas agendas.

Frase Não verbal   Frase verbal   Propriedade   Causa

Extração de regras do negócio

Em Leite e Leonardi (1998), é descrito o processo de extrair regras do negócio. O primeiro passo é conhecer as regras do ambiente no qual o sistema será inserido. Após definido o contexto, é necessário definir quais fontes de informação estão sendo usadas. A fonte pode ser documentos da organização, principalmente quando já existem políticas definidas. Caso a organização não tenha esses documentos, é necessário utilizar outras formas para adquirir essas informações: observação, *brainstorming*, entrevista, reuniões e/ou outras formas. Depois que as fontes de informação estão definidas e avaliadas, deve-se categorizar as sentenças de acordo com seu propósito na organização. As sentenças são observadas de acordo com limites, responsabilidades e direitos das entidades da organização. Essa heurística ajuda na identificação de políticas regentes em torno das tomadas de decisões.

Ainda segundo os autores, essa fase deve ser realizada junto à média e à alta gerência, caso contrário, uma validação desse ciclo deve ocorrer, ou seja, a média e a alta gerência devem ler e aprovar as regras. Essa identificação deve ser feita, independente da LEL e da construção de cenários. Depois que as regras forem validadas pelos clientes (média e alta gerência), elas são escritas de acordo com o padrão descrito na seção anterior. Seguindo a proposta dos autores, é possível ligar as frases das regras de negócio para a entrada do léxico e, se forem escritas corretamente, os termos usados na descrição das regras do negócio estarão em LEL, desde que as políticas tenham sido escritas na linguagem do Universo do Discurso. Esse é um estudo inicial dos autores e tem como objetivo integrar as políticas da organização dentro do processo de definição de requisitos.

Modelo de regras de negócio do EKD

O modelo de regras de negócio é usado para determinar as regras que controlam a organização no sentido de definir e restringir quais ações podem ser executadas no negócio, de acordo com as definições do modelo de objetivos. Esclarece questões como: quais regras afetam os objetivos da organização; quais as políticas declaradas; e como os objetivos são apoiados pelas regras.

Segundo Bubenko Jr., Stirna e Brash (1998) as regras do negócio podem ser divididas em três tipos: regras derivadas, regras de ação-evento e regras de restrição.

As regras derivadas são expressões que definem componentes derivados da estrutura da informação em termos de entidades que já estão presentes na base de informação do modelo da organização. Elas são introduzidas como um meio de capturar o domínio estrutural de conhecimento que não precisa estar armazenado, e seus valores podem ser derivados dinamicamente usando valores existentes ou outras informações derivadas.

As regras de evento-ação estão relacionadas com a invocação de atividades. Em particular, expressam as condições sobre as quais as atividades devem ser realizadas, como um conjunto de condições disparadoras e/ou um conjunto de precondições que devem ser satisfeitas antes da sua execução.

As regras de restrição referem-se à integridade da informação, à estrutura dos componentes ou às atividades e comportamentos permitidos na organização.

No modelo de regras de negócio, há dois tipos de relacionamentos: de apoio e de impedimento. O relacionamento de apoio é essencialmente visto como vertical, podendo, por exemplo, ser usado para refinar ou decompor regras. O relacionamento de impedimento é usado para mostrar influências negativas entre componentes do modelo de regras do negócio e pode ser considerado como o oposto de apoio. No modelo de regras do negócio, também existem as estruturas de decomposição E/OU. O relacionamento de refinamento "E" representa um conjunto único de sub-regras que são necessárias para satisfazer a regra original refinada. O relacionamento de refinamento "OU" representa um conjunto de sub-regras alternativas que, para apoiar uma regra original, precisa satisfazer apenas uma regra do conjunto.

Bubenko Jr., Stirna e Brash (1998) afirmam que todas as regras do negócio deveriam ser expressas conforme a Figura 6.3, pois desse modo é possível obter

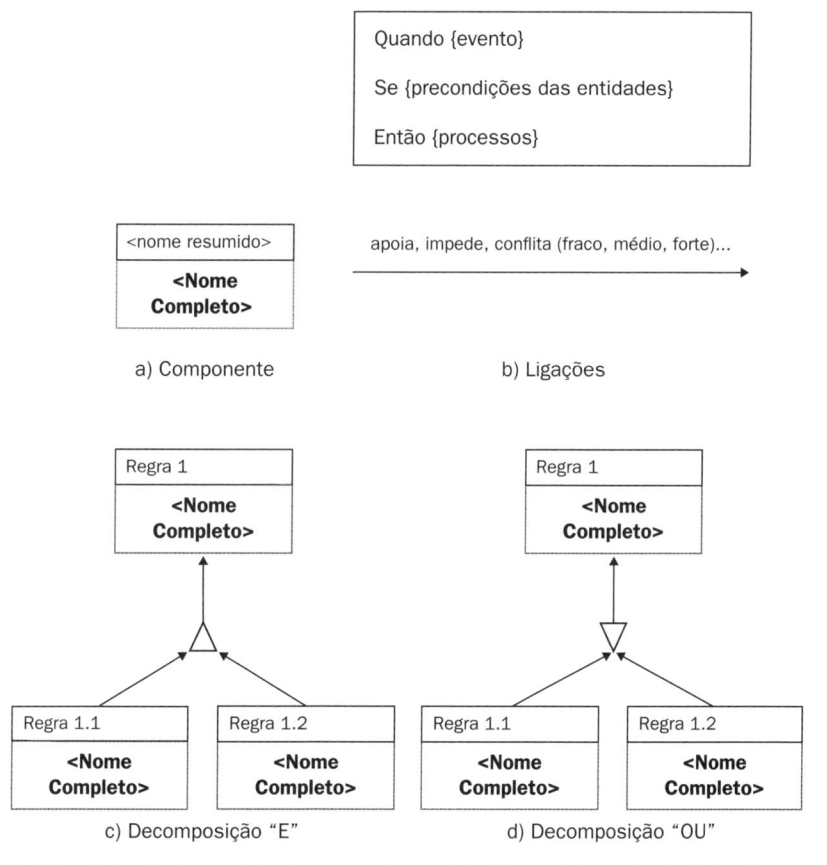

FIGURA 6.3 Notação do modelo de regras do negócio. Fonte: Adaptado de Bubenko et al., 1998.

informações mais precisas sobre os atores e recursos envolvidos na realização da regra e determinar quais processos apoiam e são disparados por essa regra.

Para modelar as regras de negócio podem-se considerar as seguintes questões:

1. Existem regras declaradas e políticas com a companhia que podem influenciar esse modelo?
2. Por quais regras os objetivos da organização podem ser alcançados?
3. A regra está relacionada a um objetivo particular?
4. Como essa regra pode ser decomposta?
5. Como a organização pode ajustar-se à especificação dessa regra?
6. Como validar se a regra é cumprida?
7. Quais processos disparam essa regra?
8. Essa regra pode ser definida em uma forma operacional?
9. Pode uma regra ser decomposta em regras simples?

De acordo com Pádua, Cazarini e Inamasu (2004), as ligações entre o modelo de regras do negócio e o modelo de processos de negócio descrevem como processos do modelo de processos de negócio são disparados pelas regras do negócio do modelo de regras do negócio. Por exemplo, se existe uma regra que declara "Clientes são registrados como maus clientes se demorarem mais do que quatro semanas para efetuar pagamento", então essa regra dispara o processo que realiza o registro de maus clientes.

Estudo de caso: modelo de regras de estágios de alunos

Para administrar a vinda de estagiários para a universidade (objetivo 2) deve-se verificar os dados para o estágio (regra 2) para validar documentação e contrato (regra 2.1) e resolver os processos de estágio (regra 1) para garantir os documentos para o estágio (objetivo 3.1), que também depende de entrar em acordo com a empresa sobre a documentação para o estágio (regra 3) vinculado à existência de convênio com a empresa relativa ao estágio (regra 6) e verificar a empresa e instituição de origem (regra 2.2). Para garantir o cadastro e a manutenção do cadastro dos alunos estagiários (objetivo 3.2) deve-se verificar a possibilidade de estágio (regra 4) e a grade horária do aluno em busca de tempo disponível para estágio (regra 5).

A Figura 6.4 apresenta o modelo de regras associado aos respectivos objetivos.

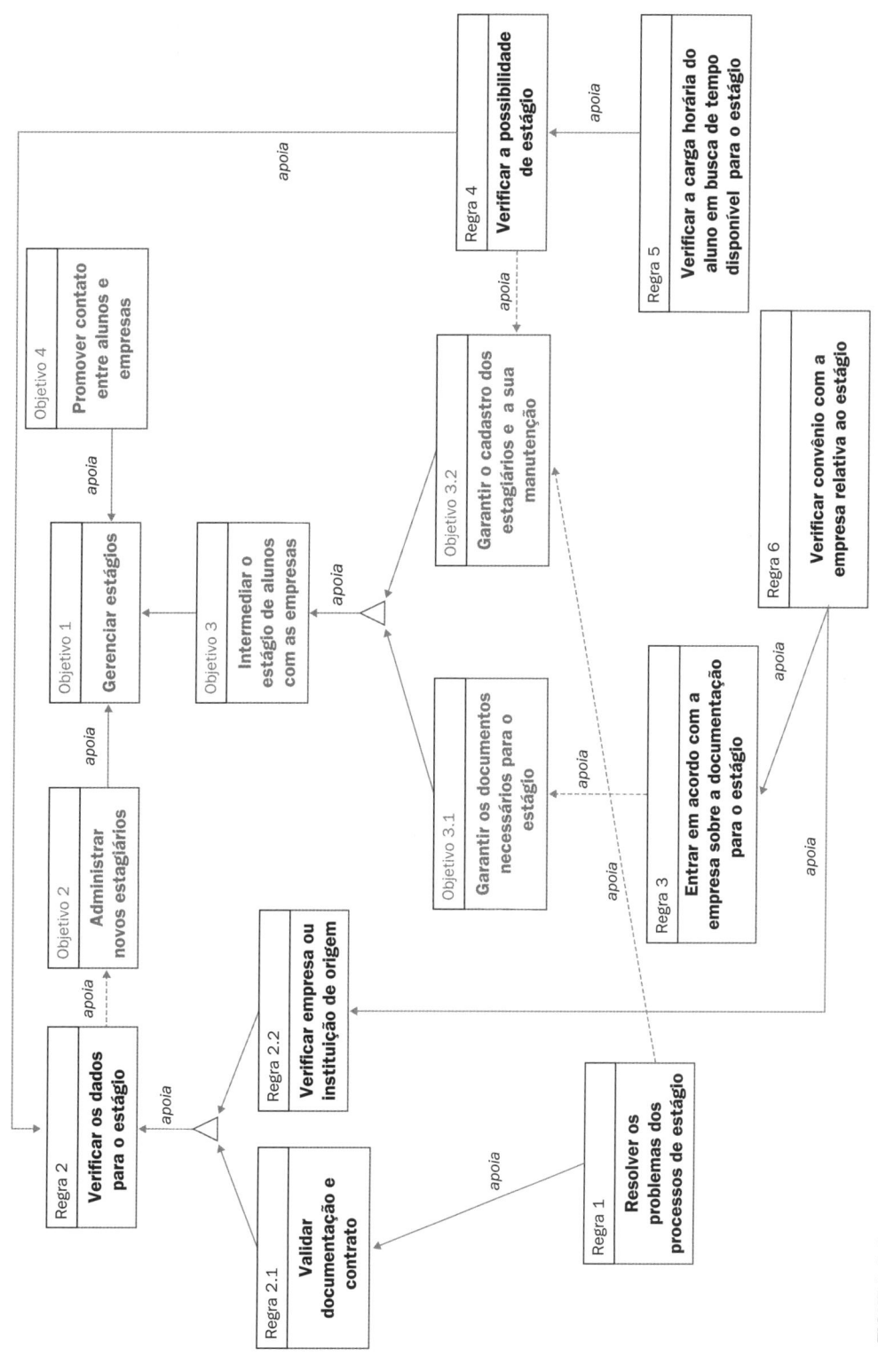

FIGURA 6.4 Modelo de regras para estágio de alunos. (Figura dos autores)

Considerações finais

Diversas definições, opiniões e conceitos de regras do negócio foram apresentados nessa seção e, apesar de algumas diferenças, todas mostram a preocupação com a natureza do negócio.

As regras do negócio na organização são decompostas em outras regras do negócio discretas. Os passos de Herbst, para análise de sistemas baseados em regras do negócio, representam uma abordagem importante para o desenvolvimento de *software*. A representação das regras do negócio foi apresentada usando a estrutura ECAA, que permite especificar regras individuais e a definição de processos completos. Outra forma de apresentação de regras do negócio é como *baseline* de requisitos, com expressões em linguagem natural acessível aos usuários. Esse é um processo social, no qual diferentes atores devem cooperar para que toda a informação seja capturada. Essa cooperação depende da tecnologia – na qual a *baseline* é uma instância – e das políticas e dos procedimentos usados na organização.

As regras do negócio colaboram para a integração da dinâmica da organização aos sistemas de informação. As regras de negócio podem estreitar a distância tradicional entre os aspectos funcionais dos sistemas e os requisitos organizacionais, permitindo assim, complementar as especificações, apontando estratégias, alternativas e objetivos a serem seguidos. Essa forma de compreender o domínio do sistema faz que as pessoas do negócio entendam o que o sistema pode fazer para melhorar a qualidade de seus negócios e rever os processos atuais.

A melhoria de manutenção de um sistema computacional, realizando as modificações necessárias no sistema quando as regras do negócio modificarem, é uma das principais motivações para buscar essas regras diretamente na fase de análise. Percebe-se que, ao ignorar as regras do negócio, têm-se importantes repercussões em termos de custo, qualidade, tempo e satisfação do usuário. Dessa forma, a identificação e a avaliação das regras do negócio é um pré-requisito essencial para o sucesso de um projeto de desenvolvimento de sistemas organizacionais, utilizando para isso a tecnologia da informação, que em conjunto com os requisitos do negócio estreita a relação entre negócios e tecnologia da informação.

7
Tecnologia e captura de requisitos organizacionais para sistemas de informação

Neil Postman escreveu a obra *Tecnopólio: o rendimento da cultura a tecnologia*, em que aborda os efeitos de uma nova tecnologia sobre a vida social. Primeiramente, o autor alude a história do rei de uma cidade do Alto Egito no livro *Fedro* de Platão. A história contada por Sócrates ao seu amigo Fedro diz que Thamus recebeu a incumbência do deus Theuth de divulgar as diversas invenções que ele tinha feito, dentre elas a escrita. A seguir, apresenta-se a descrição de Sócrates tal como está no livro de Postman (1994):

> Mas quando chegou a escrita, Theuth declarou: 'Aqui está uma realização, meu senhor rei, que irá aperfeiçoar tanto a sabedoria quanto a memória dos egípcios. Eu descobri uma receita segura para a sabedoria'. Com isso, Thamus replicou: 'Theuth, meu exemplo de inventor, o descobridor de uma arte não é o melhor juiz para avaliar o bem ou o dano que ele causará naqueles que a pratiquem... Aqueles que a adquirirem vão parar de exercitar a memória e se tornarão esquecidos; confiarão na escrita para trazer coisas à sua lembrança por sinais externos, em vez de fazê-lo por meio de seus próprios recursos internos. (...) E quanto à sabedoria, seus discípulos terão a reputação dela sem a possuir, na realidade, vão receber uma quantidade de informação sem a instrução adequada, e, como consequência, serão vistos como muito instruídos, quando na maior parte serão bastante ignorantes. E como estarão supridos com o conceito de sabedoria, e não com sabedoria verdadeira, serão um fardo para a sociedade.

Essa parábola pode ser feita também para a tecnologia. De acordo com Postman (1994), ela não é boa ou má: "[...] uma vez que uma tecnologia é aceita, ela atua de imediato; faz o que está destinada a fazer. Nossa tarefa é compreender o que fazer com esse desígnio [...]."

Com o advento da tecnologia de informação, as mudanças são contínuas, a informação que era transmitida pela hierarquia nas organizações passou a ser transmitida pela tecnologia de informação, eliminando as camadas intermediárias da estrutura organizacional das empresas.

As organizações empresariais são organizações formais, pois para existirem foram deliberadamente criadas. Nesse caso, os objetivos não surgiram espontaneamente, mas foram planejados. Toda organização social, formal ou não, necessita realizar atividades para concretizar seus objetivos. Nas organizações formais, essa preocupação de alinhar as atividades com os objetivos é dos administradores. Para processar as atividades sempre é utilizada uma tecnologia. Se lidar com tecnologia, do ponto de vista do projeto, implantação e inovação, é tarefa do engenheiro, então lidar com tecnologia do ponto de vista da realização das atividades, especialmente com mobilização humana, é tarefa do administrador.

Compreender a administração da tecnologia em uma organização é compreender como uma determinada forma de processar as atividades afeta os indivíduos, os grupos, a estrutura organizacional, o estilo de liderança, enfim, as práticas administrativas e, consequentemente, a ação do administrador.

Segundo Hampton (1983),

> [...] uma vez que a organização se comprometa com a execução de uma dada atividade e com a utilização de uma dada tecnologia irá fatalmente afetar todo o resto dentro da organização [...] como os tipos de empregos [...] as oportunidades de satisfação no trabalho [...] os padrões de comportamento de grupo. Por estas razões, o entendimento dos efeitos e implicações da tecnologia é crítico para a competência da administração.

O objetivo desse capítulo é apresentar a tecnologia como elemento dinamizador dos processos nas organizações, abordando como se dá a captura dos requisitos organizacionais para a definição de sistemas de informação.

Noções de tecnologia

Kast e Rosenzweig (1976) registraram que, numa visão restrita, a tecnologia é associada "[...] aos meios mecânicos para a produção de bens e serviços e para substituição dos esforços humanos. Essa concepção mecanística realça as manifestações visíveis da tecnologia [...]", como a linha de produção automatizada, os tornos de controle numérico, os computadores, etc.

Os autores também afirmam que

> [...] em seu sentido amplo, a tecnologia refere-se ao conhecimento sobre a execução de certas tarefas ou atividades. A tecnologia é muito mais que a máquina e refere-se aos meios padronizados que se empregam para atingir um objetivo ou resultado predeterminado. Dessa forma, a tecnologia converte o comportamento espontâneo e irrefletido em comportamento deliberado e racionalizado.

A tecnologia tem sido tratada, na literatura administrativa, a partir de dois pontos de vista: o externo à organização e ao interno. Tradicionalmente, a tecnologia como variável interna à organização tem sido pensada como um "sistema de produção e operação" ou uma tecnologia de processo e, dessa forma, são avaliadas suas consequências organizacionais e administrativas.

Impactos da tecnologia na organização

Uma vez que a organização se comprometa com a utilização de uma dada tecnologia, essa tecnologia irá fatalmente afetar todos os demais componentes organizacionais (pessoas, estrutura, estratégia, decisão, negócios, etc.). A tecnologia afeta os tipos de empregos, as oportunidades de satisfação no trabalho, o padrão de comportamento dos grupos e assim por diante.

Como requisitos de mão de obra, em uma tecnologia de produção unitária (ou artesanal), em que cada produto é fabricado individualmente ou em pequenas quantidades, o projeto de trabalho deve especificar profissionais qualificados em determinada habilidade (marcenaria, tornearia, culinária, etc.). Já, por exemplo, numa tecnologia de produção em massa, em que os processos são mecanizados, o projeto de trabalho deve especificar funcionários especializados, ou seja, treinados na execução de uma ou umas poucas tarefas.

Nos grupos, a tecnologia dita os requisitos para a maior parte das interações humanas nas organizações. A tecnologia, por meio do arranjo físico, determina o quanto as pessoas irão trabalhar próximas ou afastadas, e o fluxo de produção determina a necessidade de as pessoas se falarem, ou não. O projeto das atividades de trabalho afeta a interação interpessoal e dinâmica grupal e, em consequência, os sentimentos entre os indivíduos.

Nas funções empresariais, as relações entre tecnologia e as funções empresariais começaram a ser desvendadas com a pesquisa de Joan Woodward. Ela percebeu que a ocorrência da sequência das funções de desenvolvimento do produto, de produção e de *marketing* variava de acordo com o tipo de tecnologia (unitária, em massa ou por processo).

A atividade crítica também varia de acordo com a tecnologia. Na tecnologia unitária, o desenvolvimento é central, pois o sucesso depende de uma inovação rápida. Na produção em massa, a produção é a atividade central, e o sucesso depende da eficiência da produção a fim de reduzir o custo unitário. Na tecnologia por processo, o *marketing* é a função crítica, visto que aborda o desenvolvimento de mercado que permitirá o uso da capacidade plena das instalações e das economias daí resultantes.

Dos tempos que Joan Woodward realizou suas pesquisas pioneiras que influenciam o pensamento da contingência em administração aos dias de hoje, muitas mudanças ocorreram na tecnologia de processo. Pela tipologia de Woodward, a produção em massa exibia um alto grau de mecanização e de padronização das tarefas, implicando na redução da intervenção humana. Mas também refletia, no exemplo da linha de montagem, com suas máquinas e equipamentos dedicados a um único produto, uma grande rigidez na variabilidade dos produtos.

Nesse período, a automação teve um grande desenvolvimento com as máquinas de controle numérico, as máquinas de controle numérico computadorizadas, os robôs, os equipamentos automatizados de transferência e manipulação de peças, os equipamentos automáticos de identificação e outros. Essas tecnologias concretizam-se em máquinas e equipamentos isolados; a integração desses componentes como parte de um sistema foi um passo adiante na automação da manufatura.

Os sistemas flexíveis de manufatura introduziram a possibilidade de obter um volume maior de produção do que a produção unitária, mantendo sua característica de alta variabilidade dos produtos – ou, comparando com a produção em massa, permitiu um volume semelhante, mas com flexibilidade maior de produtos.

Evidentemente, essa evolução dos sistemas de produção conforme pensados por Woodward não para, pois os sistemas flexíveis de manufatura "[...] integram aquelas atividades que estão ligadas diretamente com o processo de transformação, mas não necessariamente a outras atividades de projeto do produto, projeto do processo, planejamento da produção, etc."(Slack, 1999).

Muitas dessas atividades contíguas e interativas à manufatura são baseadas em sistemas computadorizados como, por exemplo, o projeto do produto com o CAD[1]; a preparação de programas de produção, o roteiro de produtos a fabricar, o estabelecimento das configurações das máquinas com o CAM[2]; o planejamento das necessidades de materiais de fabricação com o MRP[3].

Essa integração do sistema de manufatura com as atividades contíguas por meio de computador é conhecida por *Manufatura Integrada por Computador* ou CIM. O CIM pode ser definido como "a aplicação do computador para conectar vários sistemas computadorizados e uni-los num todo coerente e integrado[4]; significando que todas as operações de produção e todas as atividades de apoio à produção estão integradas por computador. A possibilidade de o administrador obter eficácia com a *Manufatura Integrada por Computador* não é dada por si só. Ao contrário, estudos recentes têm mostrado que a inadequação da tecnologia com a estratégia, a estrutura e a filosofia administrativa pode se tornar um ônus, e não uma vantagem competitiva.

James D. Thompson criou uma classificação (ou tipologia) da tecnologia com base na disposição das atividades no processo produtivo. E Charles Perrow estabeleceu uma classificação de tecnologia com base na natureza das atividades do processo. Há uma diferença entre Perrow e Woodward, pois Perrow concebe o processo num sentido genérico, isto é, tanto de aplicação industrial quanto de serviços. A natureza das atividades do processo é dada por duas dimensões: o grau de variação que a matéria-prima impõe ao sistema de trabalho e o grau de julgamento para a realização do trabalho.

Captura de requisitos organizacionais para o desenvolvimento de sistemas de informação a partir da metodologia EKD[4]

Muitas técnicas tradicionalmente aplicadas no desenvolvimento de *software* tratam de aspectos relacionados à funcionalidade do sistema, à descrição de atividades e entidades, às entradas que deverão ser transformadas e às saídas que deverão ser produzidas. Entretanto, não consideram aspectos mais amplos como: os objetivos da organização, as regras do negócio, as restrições, os aspectos não funcionais relacionados à qualidade, à confiabilidade e à usabilidade.

De acordo com Alencar (1999), essas técnicas não ajudam a buscar soluções alternativas para problemas da organização, não adicionam valor ao negócio e, na maioria das vezes, os processos manuais são automatizados sem modificação alguma. Os requisitos organizacionais não devem ser considerados como uma simples descrição da funcionalidade do sistema, pois tratam do domínio no qual

---

[1] CAD – *Computer-Aided Design* ou projeto auxiliado por computador.

[2] CAM – *Computer-Aided Manufacturing* ou manufatura auxiliada por computador.

[3] MRP – *Material Requirements Planning* ou planejamento das necessidades de materiais. A evolução desse sistema levou ao MRP II – *Manufacturing Resource Planning* ou planejamento dos recursos de manufatura.

[4] Essa seção é uma síntese de Pádua, Cazarini e Inamasu (2004).

o sistema está inserido e das restrições que podem existir no ambiente, no sistema e no desenvolvimento, diminuindo ambiguidades e incertezas.

Nesse contexto, a modelagem organizacional facilita a compreensão do ambiente empresarial e é reconhecida como uma atividade valiosa pela engenharia de requisitos. O modelo organizacional é uma representação da estrutura, das atividades, dos processos, das informações, dos recursos, do pessoal, do comportamento, dos objetivos e das restrições das empresas comerciais, governamentais ou de outra natureza. Esse modelo ajuda a compreender as complexas interações entre as organizações e as pessoas.

Bubenko Jr. (1993) faz uma observação importante em relação ao grande número de ferramentas de métodos *Computer-Aided Software Engineering* (CASE). Para o autor, esses produtos são direcionados para a metade ou para o final do processo de desenvolvimento de *software*. Praticamente nenhum deles é direcionado de forma estruturada para o início do processo, os objetivos do negócio, os estágios de geração de requisitos, além de não resolverem o problema de mover do domínio informal para o formal. Os métodos existentes não são designados para captura explícita e representação de forma estruturada do "conhecimento organizacional e do negócio" a fim de que seja, subsequentemente, usado na fase de projeto do sistema de informação. Não são mantidas ligações entre modelo organizacional e especificação do sistema. Assim, não pode ser feito o gerenciamento de mudança e de evolução da organização explicitamente, nem o mapeamento de mudanças nos requisitos e nos componentes do sistema de informação.

De acordo com Stergiou e Johnson (1998), a transformação organizacional tem sido amplamente discutida e praticada. Os autores falam em um "vazio" entre negócios e tecnologia de informação como o grande problema das organizações e sistemas.

Cada organização tem missão, objetivos e processos próprios e é importante dar atenção à modelagem desses itens. Alencar (1999) destaca os seguintes objetivos da modelagem organizacional: fornecer um objeto, que seja uma representação compartilhável e reusável da cadeia de fornecimento de informação e conhecimento; apoiar tarefas da cadeia de fornecimento, pela habilitação de respostas a questionamentos, que não estão explicitamente representados no modelo; definir os objetos de maneira precisa, de forma que sejam consistentemente aplicados, por meio dos domínios e interpretados pelos usuários; e permitir a visualização do modelo, de forma intuitiva, simples e consistente.

Muitas técnicas de modelagem organizacional são propostas, algumas com o foco principal nos aspectos sociais como, por exemplo, em Dobson e Strems (1994), que descreve os objetivos, a política e a estrutura da organização. Na linha de Bubenko Jr. e Kirikova (1994), Yu (1993) e Rolland, Nurcan e Grosz (2000), é realizada a modelagem organizacional com múltiplas visões e com análise de metas e objetivos da organização. A organização, segundo esses autores, é representada por meio de modelos que facilitam a realização de especificações de requisitos mais próximas à realidade da organização.

Os modelos de requisitos existentes descrevem o ambiente organizacional em termos de entidades e atividades, sem se importarem com situações em que os usuários poderão tomar diferentes decisões. Esses modelos têm como objetivo a descrição de sistemas técnicos, em vez de descrições mais ricas sobre as organizações sócio-humanas. As informações capturadas nos modelos existentes, como diagrama de fluxo de dados (DFD) e diagrama entidade-relacionamento (DER), não são suficientes, uma vez que esses modelos descrevem apenas entidades, funções, fluxo de dados e estados do sistema, não expressando as razões envolvidas no processo, ou seja, a razão de fazer uma determinada ação ou de tomar uma decisão (alternativas para o "como fazer"). Assim, faz-se necessário uma ontologia mais rica, que facilite os esforços da engenharia de requisitos, para obter uma melhor compreensão sobre os relacionamentos da organização entre os vários atores do sistema e para entender as razões envolvidas nos processos de decisões.

De acordo com Kirikova (2000), a família de modelo do EKD é destinada para responder as questões: o que, como, onde, quem, quando e por quê. Essa estrutura serve como um esquema de classificação conveniente ou "tabela periódica" para entidades de informação. É possível ver essa estrutura como uma família de muitos modelos inter-relacionados, em que relacionamentos entre elementos arbitrários pertencentes a submodelos são permitidos. O EKD fornece base para o entendimento e apoio às mudanças organizacionais e ajuda o desenvolvimento de sistemas de informação que apoiarão a organização. Para Kirikova (2000), essa talvez seja a teoria mais rica em uso.

Segundo Bubenko Jr., Stirna e Brash (1998), a abordagem EKD está longe de ser constituída apenas do produto, do modelo organizacional e dos seus submodelos. O sucesso da aplicação do EKD depende inteiramente da forma pela qual é introduzido na organização e da forma pela qual o processo de desenvolvimento é conduzido. No trabalho de Bubenko Jr., Stirna e Brash (1998), são apresentadas algumas diretrizes para introduzir e usar a abordagem EKD. Mesmo com essa abordagem e com seus predecessores tendo sido aplicados por muitos anos, muito conhecimento novo é ainda observado e desenvolvido a partir da aplicação do EKD. Essas diretrizes devem ser consideradas como conhecimento em constante evolução e extensão. Um grande número de experiências em modelagem organizacional (ou modelagem de negócio) tem sido feito na Suécia com os seguintes resultados: descrições claras e com rigor adicional; evolução na aprendizagem organizacional; e aceitabilidade na realização de mudanças e no processo de reengenharia na organização.

Bubenko Jr., Stirna e Brash (1998) apresentaram um conjunto de precondições para organizar a aplicação de um projeto EKD: passar uma missão clara para todo o grupo de modelagem; alocar tempo e recursos suficientes para a atividade; basear a composição do grupo de modelagem na ideia de que o grupo, coletivamente, tem conhecimento em todos os campos necessários, tais como: estratégias de negócio, objetivos, computação, *software*, sistema de informação, gerenciamento, questões operacionais, entre outros; ter o grupo de modelagem autoridade para reprojetar a organização; designar responsabilidades considerando a documentação, uso e manutenção do modelo organizacional a ser desenvolvido; e planejar atividade de modelagem considerando: as questões a serem discutidas; os participantes envolvidos; a alocação de tarefa; os participantes sendo alocados em tempo; as expectativas para serem completadas; o treinamento oferecido aos participantes no uso da modelagem organizacional antes do início da sessão de modelagem; e a participação de um facilitador experiente.

O gerente e os participantes do processo de modelagem devem entender completamente e concordar com todos os aspectos do projeto. O propósito, objetivos e escopo do projeto devem ser documentados. A alocação de recursos (pessoal, responsabilidade, tempo, dinheiro, recursos computacionais) deve ser determinada. A garantia de qualidade em termos de resultados e validação deve ser mantida e registrada.

Foi observado por Bubenko Jr., Stirna e Brash (1998) que a abordagem é difícil de explicar e que existe um risco de se acreditar em mudanças mágicas na organização, ou seja, acreditar que a abordagem, automaticamente, ajudará a resolver todos os problemas da organização. Existe a necessidade de muita disciplina para mover-se da fase inicial até versões de modelos melhorados usando ferramentas computacionais.

Em Nurcan (1998) são relatados os benefícios da aplicação do EKD na ECOM (*European Electricity Company*), a qual deveria se organizar de acordo com as regras da União Europeia (UE), que liberou concorrências entre as empresas. Assim não existiria o monopólio, e a ECOM deveria se adequar para entrar no mercado competitor. Para a ECOM, os benefícios por ter usado a abordagem EKD foram os seguintes:

- A aplicação da abordagem é uma procura sistemática e conduzida de maneiras alternativas para atingir o objetivo de mudança, tanto no caso de melhoramento ou extensão do objetivo existente quanto na introdução de um novo objetivo, ajudando também os stakeholders a apresentar soluções inovadoras.
- Em virtude da abordagem de desenvolvimento de objetivos usar como entrada o modelo de objetivo, os stakeholders foram capazes de apontar os impactos da mudança que eles estavam propondo nos processos existentes.
- Os stakeholders foram capazes de realizar uma avaliação do cenário de alternativas de mudanças, para selecionar a mais apropriada.

As versões mais antigas do EKD já foram aplicadas em algumas organizações, como na *British Aerospace* (Reino Unido), TELIA (Suécia), ERICSSON (Suécia), CESELSA (Espanha), *Sweden Post* (Suécia). Nessas organizações, o método aplicado incluía: melhoramento de processos de negócio, planejamento de estratégia de negócio, definição de requisitos do sistema.

Em Electrical Enterprise Knowledge for Transforming Applications (1998), estão disponíveis grandes projetos que, sistematicamente, utilizaram a metodologia EKD e comprovaram grandes mudanças nas estruturas organizacionais, bem como melhorias nos processos de negócio. Os resultados desses projetos são extensivamente apresentados em Electrical Enterprise Knowledge for Transforming Applications (1998). O projeto ELEKTRA produziu uma base de conhecimento que contém modelos (padrões) de gerenciamento de mudança para o setor de eletricidade. O objetivo desses modelos é fornecer soluções nas áreas de distribuição de eletricidade e gerenciamento de recursos humanos. Esse modelo consiste de uma linguagem para descrever o conhecimento embutido nos modelos, um método para descobrir as práticas e soluções potenciais e sua generalização, de forma que eles possam ser aplicados em mais de uma organização. Em

Rolland, Nurcan e Grosz (2000), avaliou-se esse modelo, criado pelos mesmos autores para capturar as melhores práticas do gerenciamento de mudança da abordagem EKD, e as mais importantes conclusões foram:

- Um alto nível de abstração deve ser evitado para a descrição de solução para o problema organizacional. Os avaliadores, frequentemente, expressaram que o nível de abstração era inapropriado para o tipo de problema a ser resolvido e que, na maioria das vezes, o nível de abstração era muito alto.
- Os modelos em grupo são mais fáceis de entender do que os isolados porque apresentam soluções mais completas. Assim, os usuários podem entender mais rapidamente a ideia global de como as soluções propostas podem ser aplicadas naquelas situações.
- Os modelos devem descrever soluções concretas em vez de diretrizes e sugestões de como "agarrar" o problema em geral. As soluções propostas devem ser ilustradas pelas melhores práticas e ter referência para casos similares na vida real.
- Os modelos devem descrever soluções alternativas com diretrizes para escolha de uma solução apropriada, dependendo de uma situação particular da organização. Os avaliadores confirmaram que a base de conhecimento de uma determinada área é um parâmetro importante para resolver problemas no mesmo contexto.

De acordo com Bubenko Jr., Stirna e Brash (1998), a modelagem realizada em grupo tem vantagens e desvantagens. As vantagens são as ideias criativas ressaltadas pelo número de pessoas que aumentam o conhecimento e as competências do grupo. As soluções são caracterizadas pelo consenso e são mais próximas à realidade quando "pessoas-chave" participam.

Existe um balanço entre criatividade e crítica. As desvantagens são tensões sociais que impedem a cooperação: as pessoas presentes, que têm prestígio político dentro da organização, podem intimidar ou influenciar a participação de outras pessoas, desencorajando o pensamento inovador. Isso também ocorre se houver diferenças substanciais na posição e no temperamento dos membros. O trabalho pode ser descoordenado se finalizado por vários indivíduos ou se algumas pessoas abdicarem de suas tarefas e responsabilidades.

Modelo de componentes e requisitos técnicos do EKD

O modelo de requisitos e componentes técnicos determina quais devem ser as estruturas e propriedades do sistema de informação para apoiar as atividades definidas no modelo de processo de negócio e, consequentemente, atingir os propósitos do modelo de objetivos. Desse modo, o modelo de requisitos e componentes técnicos permite explicitar o potencial da tecnologia de informação para melhoria do processo e esclarecer os requisitos gerados pelos processos de negócio. Assim, também pode servir como a base do projeto de um sistema de informação. Na mesma linha, o estudo de Radhakrishnan, Zub e Groverc (2008) mostra que para a tecnologia da informação adicionar valor ao negócio é necessário ter uma perspectiva orientada a processo, ou seja, é necessário ter o conceito da interdependência das partes.

As regras de notação para modelagem dos componentes do modelo de requisitos e componentes técnicos são semelhantes às que foram definidas pelo modelo de objetivos. Segundo Bubenko Jr., Stirna e Brash (1998), os componentes presentes no modelo são:

- **Objetivos do sistema de informação:** podem expressar propriedades mensuráveis ou não mensuráveis, focos, visões, ou direções.
- **Problemas do sistema de informação:** são usados para expressar estados não desejáveis do negócio ou do ambiente, ou fatos problemáticos sobre a situação corrente com relação ao sistema de informação a ser desenvolvido.
- **Requisitos do sistema de informação:** expressam requisitos a serem designados para propriedades do sistema de informação, sendo divididos em duas partes:
  - **Requisito funcional (RFSI):** refere-se a uma propriedade funcional do sistema de informação como, por exemplo: qual deve ser o tempo de resposta de uma consulta ao sistema ou as restrições sobre qual plataforma computacional o sistema deve executar.
  - **Requisito não funcional (RNFSI):** pode ser de tipos diferentes, tais como restrições de operações, restrições políticas, restrições econômicas, restrições de segurança de informações.

A notação dos modelos de componentes e requisitos técnicos é apresentada na Figura 7.1:

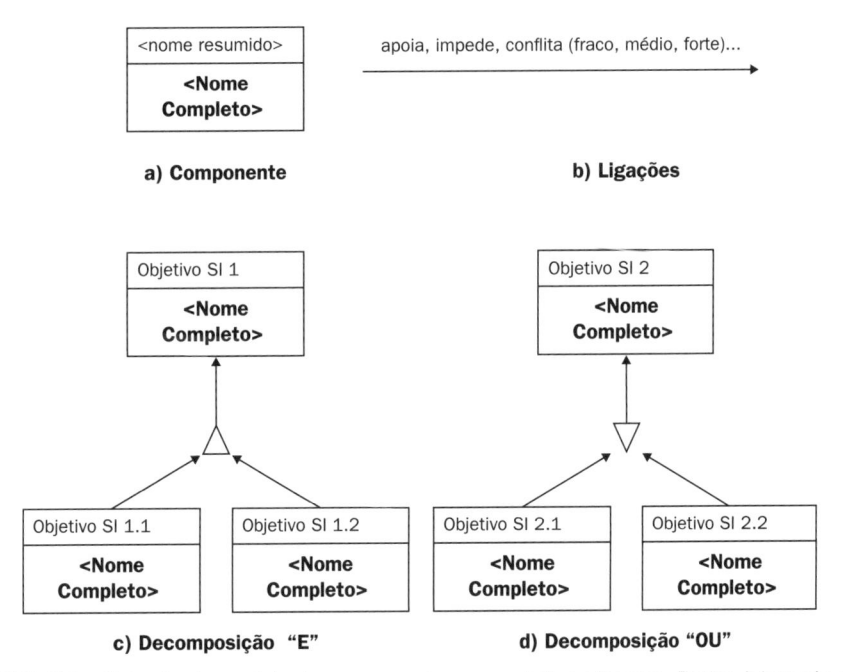

FIGURA 7.1 Notação do modelo de componentes e requisitos técnicos. Fonte: Adaptado de Bubenko et al., 1998.

As seguintes questões devem ser consideradas na elaboração do modelo de requisitos e componentes técnicos:

1. Quais restrições e padrões existem considerando a comunicação com sistemas ou *hardware* existentes?
2. Quais são os requisitos importantes considerando requisitos não funcionais tipo segurança, disponibilidade, usabilidade, entre outros?
3. Quais restrições estão sendo consideradas no software existente ou nos sistemas que estão sendo desenvolvidos?
4. Quais restrições econômicas, pessoais, políticas, ou outras, existem?
5. Existem restrições legais para o desenvolvimento do sistema?
6. Esse requisito pode ser refinado mais claramente (talvez decomposto) em uma forma que possa ser verificado e mensurado?

O EKD é uma metodologia de modelagem organizacional fácil de ser compreendida por todos os atores envolvidos no processo, e a estruturação dos modelos de objetivos, regras de negócio, processos de negócio, atores e recursos e componentes e requisitos técnicos permite que seja feita a modelagem de processos de negócio muito simples, de pequenas organizações, ou de processos de negócio complexos, de grandes corporações.

A modelagem organizacional a partir do EKD permite uma visualização bastante completa da organização e de seus relacionamentos com os diversos atores que ultrapassam os limites da empresa. Nesse sentido, é uma metodologia que documenta os relacionamentos interorganizacionais. É uma modelagem feita com a participação de todos os envolvidos no processo, para se construir modelos que possuam uma identificação e compreensão comum dos atores do negócio.

O EKD diferencia-se de outras técnicas de modelagem por constituir uma metodologia em si, que necessita apenas de papel e lápis para a realização da modelagem. Se, por um lado, a utilização da metodologia independe de um *software* de apoio para a modelagem, por outro, ao desenvolver todos os modelos, obtém-se a documentação necessária para a elaboração de um *software*. Portanto, é uma metodologia que cumpre as finalidades de comunicação, documentação e de projeto para desenvolvimento de sistemas informatizados.

Interfaces com o modelo de componentes e requisitos técnicos

O modelo de componentes e requisitos técnicos do EKD permite interface com todos os modelos do EKD (objetivos, regras de negócio, atores e recursos, processos de negócio). Pádua, Cazarini e Inamasu (2004) descrevem as ligações do modelo de componentes e requisitos técnicos:

Ligações entre o modelo de requisitos e componentes técnicos e outros componentes do modelo podem ser mais complexas do que os relacionamentos binários normais. O modelo de processos do negócio motiva os objetivos do sistema de informação e os requisitos do sistema de informação. Declarações binárias podem ser simples, como "O Sistema de Catálogo da Biblioteca deve ser capaz de manusear X pedidos simultaneamente", mas podem também ser mais complexas, como "O tempo de resposta para o usuário do tipo X, quando estiver realizando o processo P, na data definida como C, deve ser menor do que Z segundos".

Os componentes do modelo podem ser ligados de muitas formas. As ligações que devem ser estabelecidas dependem do propósito de cada projeto EKD em particular. Cada modelo organizacional tem um propósito e um foco que as ligações de cada modelo devem refletir. Toda ligação representa uma declaração feita sobre a organização e, possivelmente, seus requisitos do sistema de informação. A semântica de todas as ligações deve ser analisada cuidadosamente. Existe um conjunto mínimo de ligações, que deveria ser definido pela representação para ser considerado completo.

Estudo de caso: modelo de componentes e requisitos técnicos para estágios de alunos

Os objetivos do sistema de informação (SI) são originados no modelo de objetivos. A disponibilização de informações do serviço de estágios é motivada pelo objetivo 3 (intermediar o estágio de alunos). A informatização de todos os processos do serviço de estágios (objetivo SI 2) soluciona o problema 1 (conferência e aprovação obrigatória e manual) relacionado a garantir os documentos para o estágio (objetivo 3.1). A disponibilização de informações do serviço de estágios na *Web* é feita por meio de um *site* para o serviço de estágios (requisito funcional do sistema de informação (RFSI) 3), que disponibiliza o modelo de convênio *on-line* (RFSI 3.2) e contato direto com a funcionária (RFSI 3.3). A informatização dos processos do serviço de estágios (objetivo SI 2) é apoiado pelo sistema de cadastro de novos convênios (RFSI 2), que permite o envio de modelos para avaliação (RFSI 2.1) e fornece uma lista de empresas conveniadas (RFSI 2.2). A informatização é apoiada pelo sistema de cadastro de pessoas (RFSI 4), que inclui estagiários na folha de pagamento (RFSI 4.4) e mantém cadastro de estagiários internos (RFSI 4.2) e externos (RFSI 4.1). Há uma ferramenta para gerar a folha de pagamento (RFSI 5) que é apoiada por um sistema de verificação de presença de estagiários internos (RFSI 6). A ferramenta para gerar a folha de pagamento permite imprimir relatórios personalizados (RFSI 5.1) e o preenchimento automático da folha de pagamento (RFSI 5.2). A Figura 7.2 representa o modelo de componentes e requisitos técnicos.

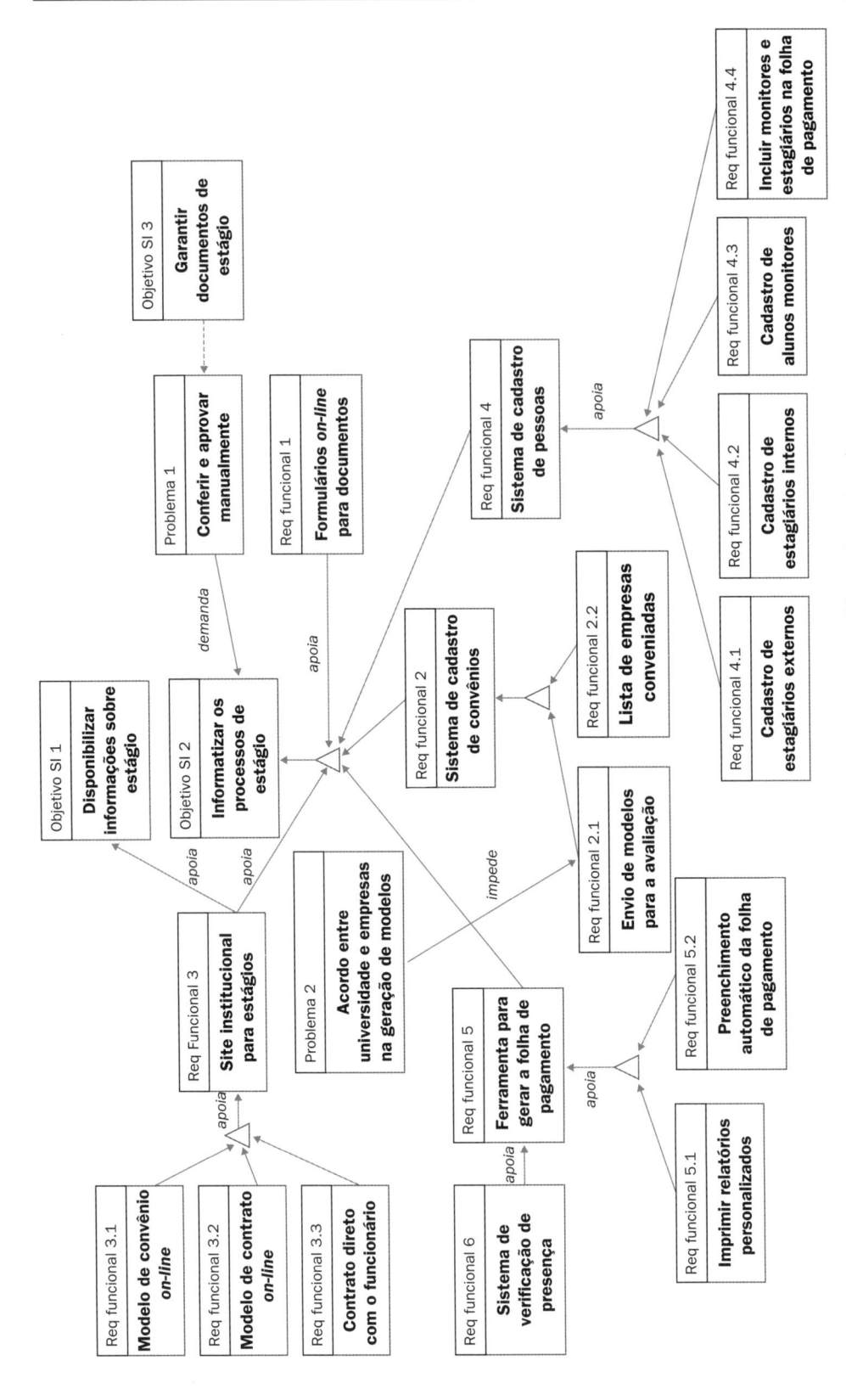

FIGURA 7.2 Modelo de componentes e requisitos técnicos para estágio de alunos. (Figura dos autores)

Considerações finais

A metodologia EKD facilita a captura de requisitos organizacionais para o desenvolvimento de sistemas de informação a partir do modelo de componentes e requisitos técnicos, que é a síntese da modelagem organizacional dos modelos de objetivos, regras de negócio, processos de negócio, atores e recursos e conceitos.

A partir da captura dos requisitos organizacionais para o desenvolvimento de sistemas de informação, a organização passa a formalizar as suas ações administrativas intangíveis e a sistematizar a gestão de conhecimento.

Observa-se que a metodologia EKD conjugada com a teoria da organização propicia a análise de um mesmo objeto por diferentes domínios de conhecimento. A interdependência entre os modelos do EKD fornece visão holística do negócio e facilita a interação com usuários para a compreensão das possibilidades de melhoria que o sistema pode propiciar.

Durante a elaboração dos modelos do EKD, há uma compreensão progressiva das necessidades da empresa por todos os envolvidos no processo de modelagem, uma vez que as questões direcionam a construção dos modelos. A internalização do conhecimento organizacional ocorre a partir da participação das pessoas no processo de modelagem. Os processos, atores e recursos, regras e objetivos, uma vez modelados, fornecem os subsídios necessários para a definição de requisitos funcionais, requisitos não funcionais do sistema de informação e objetivos do sistema de informação.

É interessante mostrar a relação dos componentes principais de cada modelo com o modelo de componentes e requisitos técnicos, para deixar claro a interdependência entre os mesmos.

A decomposição dos componentes de cada modelo deve restringir-se ao segundo nível. Modelos com vários níveis de decomposição tornam-se complexos demais para serem compreendidos pela organização

Com a conclusão da modelagem organizacional a partir da metodologia EKD, ficam explícitas as informações do negócio necessárias para o desenvolvimento de um sistema de informação.

Apêndice

Modelo de conceitos

O modelo de conceitos é uma evolução do que é conhecido como "dicionário de dados" e possui uma representação mais livre.

É utilizado para definir "coisas", fenômenos e as entidades presentes nos demais modelos. É uma evolução do conceito de dicionário de dados. Deve incluir componentes pelos quais se pode descrever o conteúdo de diferentes conjuntos de informação e fluxos do modelo de processos de negócio.

O modelo de conceitos inclui componentes baseados em entidades, relacionamentos binários e atributos de informação. Os relacionamentos "É UM" e "Parte DE" são incluídos no modelo de conceitos para permitir a modelagem de generalização e de componentes complexos. Permite definir diferentes "grupos de componentes de modelo de conceitos". Esse grupo é uma visão de uma parte de um modelo de conceitos e inclui um subconjunto de entidades, relacionamentos e atributos.

Atributo é uma entidade utilizada apenas para caracterizar outra entidade. É uma propriedade de um tipo de objeto. As entidades podem ser relacionadas por meio de relacionamento semântico, tais como relacionamento binário (bidirecionais entre duas entidades), relacionamento generalização (para um conceito mais genérico do que outro)/especialização (para um conceito mais específico que outro) (É Um), e relacionamento de agregação (que visa a agregação das partes)(Parte De).

As seguintes questões são consideradas para elaborar o modelo de conceitos:

Quais são as principais entidades da aplicação?
Como essas entidades são relacionadas?
Porque essa entidade é necessária?
O que é necessário saber sobre o conceito de aplicação? Quando e onde surgirá a necessidade dessa entidade?
Quantas instâncias dessa entidade existem?
Quando essa instância deixa de existir?
Quais situações acima refletem-se no modelo de processos de negócio?
Os atributos são simples ou multivalorados?
O tipo de entidade é geralmente relacionado a algum outro tipo?
Existe a necessidade de algum dado histórico sobre entidades, relacionamentos ou atributos?
O relacionamento é estável ou varia de acordo com o tempo?
Como as entidades variam de acordo com o tempo?
Existem características temporais dos atributos?

A notação é a seguinte:

a) Entidade:

Entidade <n>
<Nome da Entidade>

b) Atributo:

<nome do atributo>

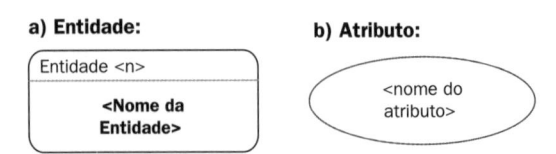

FIGURA 1 Notação do modelo de conceitos.

No estudo de caso desenvolvido ao longo do livro, os artigos previstos no regimento da universidade e a lei que regulamenta o estágio seriam os elementos a serem considerados para a elaboração do modelo de conceitos.

Referências

ABREU, A. B. Novas reflexões sobre a evolução da teoria administrativa: os quatro momentos cruciais no desenvolvimento da teoria organizacional. *Revista de Administração Pública*, v. 16, n. 4, p. 96-108, 1982.

ALENCAR, F. M. R. *Mapeando a modelagem organizacional em especificações precisas*. 1999. 304 f. Tese (Doutorado) – Centro de Informática, Universidade Federal de Pernambuco, Recife, 1999.

AMERICAN PRODUCT AND QUALITY CENTER. *Process classification framework*. Houston: APQC, [20--?]. Disponível em: <http://www.apqc.org>. Acesso em: 02 set. 2002.

ANTONIOU, G. The role of nonmonotonic representations in requirements engineering. *International Journal of Software Engineering and Knowledge Engineering*. v. 8, n. 3, p. 385-399, 1998.

ANTONUCCI, Y. L. et al. *Business process management common body of knowledge*: version 2.0. Terre Haute: Create Space, 2009.

ARORA, R. Implementing KM: a balanced score card approach. *Journal of Knowledge Management*, v. 6, n. 3, p. 240-249, 2002.

ASSOCIATION OF BUSINESS PROCESS MANAGEMENT PROFESSIONALS. *Guide to the business process management common body of knowledge (BPM CBOK)*: versão 2.0. [S.l.]: ABPMP, 2009.

BAKER J. C. et al. Hierarchical model of business competence. *Integrated Manufacturing Systems*, v. 8, n. 5, p. 265-272, 1997.

BARROS NETO, J. P.; NOBRE, J. A. P. O processo de desenvolvimento de produto imobiliário: estudo exploratório em uma incorporadora. *Produção*, v. 19, p. 87-104, 2009.

BARTLETT, C.; GHOSHAL, S. *Managing across borders:* the transnational solution. Boston: Harvard Business School, 1991.

BENDIX, R. *Work and authority in industry*. New York: John Wiley & Sons, 1956.

BERTALANFFY, L.V. *Teoria geral dos sistemas*. 3. ed. Petrópolis: Vozes, 1977.

BLAU, P. *Introdução ao estudo da estrutura social*. Rio de Janeiro: Zahar, 1977.

BOGNER, W. C.; THOMAS, H.; MCGEE, J. Competence and competitive advantage: towards a dynamic model. *British Journal of Management*, v. 10, n. 4, p. 275, 1999.

BRAVERMAN, H. *Trabalho e capital monopolista*. 3. ed. Rio de Janeiro: Guanabara, 1987.

BREMER, C. F.; LENZA, R. P. Um modelo de referência para gestão da produção em sistemas de produção assembly to order: ATO e suas múltiplas aplicações. *Gestão & Produção*, v. 7, n. 3, p. 269-282, 2000.

BUBENKO JR., J. A. Extending the scope of information modeling. In: INTERNATIONAL WORKSHOP ON THE DEDUCTIVE APPROACH TO INFORMATION SYSTEMS AND DATABASE, 4., 1993, Lloret-Costa Brava. *Proceedings...* Barcelona: Departament de Languages i Sistemes Informatics of the Universitat Politecnica de Catalunya, 1993. p.73-98.

BUBENKO JR., J. A.; KIRIKOVA, M. Enterprise modeling: improving the quality of requirements specification. In: IRIS-17 INFORMATION SYSTEMS RESEARCH SEMINAR IN SCANDINAVA, 1994, Oulu. *Proceedings...* Oulu: [s.n.], 1994.

BUBENKO JR., J. A.; PERSSON, A.; STIRNA, J. *D3:* user guide of the knowledge management approach using enterprise knowledge patterns. [S.l.: s.n.], 2001a. Disponível em: <ftp://ftp.dsv.su.se/users/js/d3_km_using_ekp.pdf>. Acesso em: 01 jan. 2001.

BUBENKO JR., J. A.; PERSSON, A.; STIRNA. *D3:* appendix B EKD user guide. Stockholm: Department of computer and systems sciences; Royal Institute of Technology, 2001b. Disponível em: <ftp://ftp.dsv.su.se/users/js/ekd_user_guide_2001.pdf >. Acesso em: 02 jul. 2013.

BUBENKO JR., J. A.; STIRNA, J.; BRASH, D. *EKD user guide*. Stockholm: Department of Computer and Systems Sciences Stockholm; Royal Institute of Technology, 1998.

BUBENKO JR., J. A.; WANGLER, B. Objectives driven capture of business rules and information systems requirements. In: PROCEEDINGS OF THE INTERNATIONAL CONFERENCE ON SYSTEMS, 1993. *Proceedings...* [S.l.]: Man and Cybernetics, 1993.

BURNS, T.; STALKER, G. *The management of innovation*. London: Tavistock, 1961.

BURREL, G.; MORGAN, G. *Sociological paradigms and organizational analysis*. London: Heinemann, 1979.

CERI, S.; FRATEMALE, P. *Designing database applications with objects and rules*: the IDEA methodology. [S.l.]: Addison-Wesley, 1997.

CERTO, S. S.; PETER, J. P. *Administração estratégica*: planejamento e implementação da estratégia. São Paulo: Makron Books, 1993.

CERTO, S. C. *Administração moderna*. 9. ed. São Paulo: Prentice Hall, 2003.

CHANDLER, A. *Scale and scope*: the dynamics of industrial capitalism. London: Belknap Press of Havard University, 1996.

CHECKLAND, P. B. *Systems thinking, systems practice*. New York: John Wiley & Sons, 1981.

COLLINS, J. C.; PORRAS, J. I. Building your company's vision. *Harvard Business Review*, v. 74, n. 5, p. 65-77, 1996.

DAFT, R. I. *Administração*. Rio de Janeiro: LTC, 1999.

DALKIR, K. *Knowledge management in theory and practice*. Burlington: Elsevier; Butterworth-Heinemann, 2005.

DALLAVALLE, S. I.; CAZARINI, E. W. Regras do negócio: um fator chave do sucesso no processo de desenvolvimento de sistemas de informações. In: ENCONTRO NACIONAL DE ENGENHARIA DE PRODUÇÃO – ENEGEP, 20., 2000, São Paulo. *Anais...* São Paulo: ABEPRO, 2000. v. 20. 1 CD-ROM.

DAVENPORT, T. H. *Reengenharia de processos*: como inovar na empresa através da tecnologia da informação. Rio de Janeiro: Campus, 1994.

DELORENZO NETO, A. *Sociologia aplicada à administração*. São Paulo: Atlas, 1973.

DOBSON, J. E.; STREMS, R. Organizational requirements definition for information technology. In: INTERNATIONAL CONFERENCE ON REQUERIMENTS ENGINEERING, 1994, Los Alamitos. *Proceedings ...* Los Alamitos: IEEE Computer Society, 1994. p. 158-165.

DRUCKER, P. F. *The practice of management*. New York; Evanston: Harper & Row, 1954.

ECCLES, R.; NOLAN, R. A framework for the design of the emerging global organizational structure. In: BRADLEY, S.; HAUSMAN, J.; NOLAN, R. (Org.). *Globalization, technology, and competition*: the fusion of computers and telecommunications in the 1990s. Boston: Harvard Business School, 1993.

ELECTRICAL ENTERPRISE KNOWLEDGE FOR TRANSFORMING APPLICATIONS. *Project no 22927*. [S.l.: s.n.], 1998. Disponível em: <http://crinfo.univ-paris1.fr/PROJETS/elektra.html>. Acesso em: 03 jul. 2013.

ESCRIVÃO FILHO, E. *A contribuição dos temas estratégia, estrutura e tecnologia ao pensamento administrativo*. São Carlos: Escola de Engenharia de São Carlos; USP, 1996.

ESCRIVÃO FILHO, E.; GUERRINI, F. M. A teoria administrativa sob enfoque dos temas organizacionais. In: ESCRIVÃO FILHO, E.; PERUSSI FILHO, S. *Teorias da administração*: introdução ao estudo do trabalho do administrador. São Paulo: Saraiva, 2010. Capítulo 1.

FAYOL, H. *Administração industrial e geral*. 9. ed. São Paulo: Atlas, 1975.

FELICIANO NETO, A.; FURLAN, J. D.; HIGA, W. *Engenharia da informação*: metodologia, técnicas e ferramentas. São Paulo: McGraw-Hill do Brasil, 1988.

FILION, L. J.; COUTINHO, G. L. O planejamento do seu sistema de aprendizagem empresarial: identifique uma visão e avalie o seu sistema de relações. *Revista de Administração de Empresas*, v. 31, n. 3, p. 63-71, 1991.

FORBES, P. M. Marketing management: developing a core competence. *National petroleum news*, v. 83, n. 5, p. 59, 1991.

FORRESTER, J. *Industrial dynamics*. Cambridge: MIT, 1961.

GARVIN, D. A. Leveraging processes for strategic advantage. *Harvard Business Review*, p. 77-90, 1995.

GOLDKUHL, G.; LIND, M. Coordination and transformation in business processes: towards an integrated view. *Business Process Management Journal*, Bingley, v. 14, n. 6, p. 761-777, 2008.

GONÇALVES, J. E. L. As empresas são grandes coleções de processos. *Revista de Administração de Empresas*, v. 40, n. 1, p. 6-19, 2000a.

GONÇALVES, J. E. L. Os novos desafios da empresa do futuro. *Revista de Administração de Empresas*, v. 37, n. 3, p. 10-19, 2000b.

GONÇALVES, J. E. L. Processos que processos. *Revista de Administração de Empresas*, v. 40, n. 4, p. 8-19, 2000c.

GORMAN, P.; THOMAS, H. The theory and practice of competence-based competition. *Long Range Planning*, v. 30, n. 4, p. 615-620, 1997.

GOTTESDIENER, E. Business rules show power, promise. *Application Development Trends*, v. 4, n. 3, 1997.

GRAHAM, M.; LeBARON, M. *The horizontal revolution*. San Francisco: Jossey-Bass, 1994.

GREGORIADES, A.; SUTCLIFFE, A. A socio-technical approach to business process simulation. *Decision Support Systems*, v. 45, n. 4, p. 1017-1030, 2008.

GULATI, R.; GARGIULO, M. Where do interorganizational networks come from? *American Journal of Sociology*. v. 104, n. 5, p. 177-231, 1999.

HALL, A. *A methodology for systems engineering*. New York: John Wiley & Sons, 1962.

HALL, R. H. *Organizações*: estruturas, processos e resultados. São Paulo: Prentice Hall, 2004.

HAMEL, G.; HEENE, A. *Competence based competition*. Chichester: John Wiley & Sons, 1994.

HAMEL, G.; PRAHALAD, C. K. *Competindo pelo futuro*: estratégias inovadoras para obter o controle do seu setor e criar os mercados de amanhã. 10. ed. Rio de Janeiro: Campus, 1995.

HAMMER, M.; CHAMPY, J. *Reengenharia*: revolucionando a empresa em função dos clientes, da concorrência e das grandes mudanças da gerência. Rio de Janeiro: Campus, 1994.

HAMPTON, D. R. *Administração contemporânea*. São Paulo: Makron Books, 1983.

HANDY, C. *Como compreender as organizações*. Rio de Janeiro: Zahar, 1974.

HARVEY, M.; LUSCH, R. Protecting the core competencies of a company: intangible asset security. *European Management Journal*, v. 15, n. 4, p. 370-380.7, 1997.

HAY, D. C.; HEALY, K. A. (Ed.). *Guide business rules project*: final report. [S.l.: s.n.], 1997.

HERBST, H. Business rules in system analysis: a meta-model and repository system. *Information Systems*, v. 21. n. 2, p. 147-166, 1996.

HOMANS, G. C. As pesquisas na Western Eletric. In: BALCÃO, Y. F.; CORDEIRO, L. L. (Ed.). *O comportamento humano na empresa*. 4. ed. Rio de Janeiro: FVG, 1979.

HOUY, C.; FETTKE, P.; LOOS, P. Empirical research in business process management: analysis of an emerging field of research. *Business Process Management Journal*, v. 16, n. 4, p. 619-661, 2010.

HOYDALSVIK G.; SINDRE G. On the purpose of object-oriented analysis. In: CONFERENCE ON OBJECT-ORIENTED PROGRAMMING SYSTEMS, LANGUAGES AND APPLICATION, 1993. *Proceedings...* [S.l.: s.n.], 1993.

JACOBSON, I.; BOOCH, G.; REUMBAUGH, J. *The unified software development process*. Reading: Addison Wesley, 1998.

JAVIDAN, M. Core competence: what does it mean in practice? *Long Range Planning*, v. 31, n. 1, p. 60-71, 1998.

JESTON, J.; NELIS, J. *Business process management*: practical guidelines to successful implementations. London: Taylor & Francis, 2006.

KAST, F. E.; ROSENZWEIG, J. E. *Organização e administração*: um enfoque sistêmico. 2. ed. São Paulo: Pioneira, 1980.

KAST, F.; ROSENZWEIG, J. *Organização e administração um enfoque sistemático*. São Paulo: Pioneira, 1976.

KAVAKLI, V.; LOUCOPOULOS, P. Goal-driven business process analysis application in electricity deregulation. *Information Systems*, v. 24, n. 3, p. 187-207, 1999.

KILOV, H.; SIMMONDS, I. Business rules: from business specification to design. In: BOSCH, J.; MITCHELL, S. *Object oriented technology*. Berlin: Springer, 1997.

KIRIKOVA, M. Explanatory capability of enterprise models. *Data & Knowledge Engineering*, v. 1, n. 33, p. 119-136, 2000.

KOCK, N. *et al*. Communication flow orientation in business process modeling and its effect on redesign success: results from a field study. *Decision Support Systems*, v. 46, n. 2, p. 562, 2009.

KOONTZ, H.; O'DONNELL, G.; WEHRICH, H. *Recursos humanos*: desenvolvimento de administradores. 14. ed. São Paulo: Pioneira, 1987.

KOSANKE, K.; KLEUERS, T. CIM-OSA: Architecture for enterprise integration areport on currrent developments. *Computer Integrated Manufacturing Systems*, v. 3, n.1, 1990.

KOSANKE, K.; VERNADAT, F.; ZELM, M. CIMOSA: enterprise engineering and integration. *Computer in industry*, v. 40, p. 83-97, 1999.

KOTONYA, G.; SOMMERVILLE, L. Requirements engineering with viewpoints. *Software Engineering Journal*, v. 11, n. 1, p. 5-18, 1996.

LAMPEL, J. The core competencies of effective project execution: the challenge of diversity. *International Journal of Project Management*, v. 19, p. 471-483, 2001.

LARMAN, C. *Applying UML and patterns*: an introduction object-oriented and design. New Jersey: Prentice-Hall, 1999.

LAWRENCE, P.; LORSCH, J. W. *As empresas e o ambiente*. Petrópolis: Vozes, 1973.

LEAVITT, H. J. Hierarchies, authority, and leadership. *Executive Forum*, v. 2005, n. 37, 2005.

LEITE, J. C. S. P.; LEONARDI, M. C. Business rules as organizational policies. In: INTERNATIONAL WORKSHOP ON SOFTWARE SPECIFICATION & DESIGN, 9., 1998, Japan. *Proceedings...* Los Almitos: IEEE CSP, 1998. p. 68-76.

LEITE, J. C. S. P.; OLIVEIRA, A. P. A client oriented requirements baseline. In: INTERNATIONAL SYMPOSIUM ON REQUIREMENTS ENGINEERING, 2., 1995. *Proceedings...* [S.l.]: IEEE Computer Society, 1995. p. 108-115.

LIPNACK, J.; STAMPS, J. *Rede de informações*. São Paulo: Makron Books, 1994.

LIPTON, M. Demystifying the development of an organizational vision. *Sloan Management Review*, v. 37, p. 83-92, 1996.

LOUSÃ, M.; SACRAMENTO, A.; ALTAMIRO, M. *Sistema de automatização de processos de negócios (workflow systems):* considerações sobre o contexto organizacional e proposta de estrutura de análise do seu impacto nas Organizações. [S.l.: s.n.], 2003.

LUTHANS, F. *Introduction to management*: a contingency approach. New York: McGraw-Hill, 1976. p. 28-55.

MANCUSO, F. L.; EDELWEISS, N. *Modelagem de empresas*: integração de diferentes métodos através do formalismo TF-ORM. [S.l.: s.n.], 2002.

MARTIN, J. *Cybercorp:* the new business revolution. New York: Amacom, 1996.

MAYO, E. *The human problems of an industrial civilization*. New York: McMillan, 1933.

MCCORMACK, K. et al. A global investigation of key turning points in business process maturity. *Business Process Management Journal*, v. 15, n. 5, p. 792-815, 2009.

MERTON, R. K. *Sociologia:* teoria e estrutura. São Paulo: Mestre Jou, 1968.

MILES, D. *Business process management*: what is the payback period and what is the ROI? [S.l.]: Infonomics, 2010.

MINTZBERG, H. The entrepreneurial organization. In: MINTZBERG, H.; QUINN J. B.; GHOSSHAL S. (Ed.). *The strategy process*. London: Prentice Hall, 1999.

MISSE, M. Existe uma sociologia weberiana? *Cult*, v. 124, p. 47-50, 2008.

MORRIS, D.; BRANDON, J. *Reengenharia:* reestruturando sua empresa. São Paulo: Makron Books, 1994.

MOTTA, F. P.; PEREIRA, L. C. B. P. *Introdução à organização burocrática*. São Paulo: Brasiliense, 1983.

NADLER, D. A.; GERSTEIN, M. S. *Arquitetura organizacional*. Rio de Janeiro: Campus, 1994.

NUCAN, S.; ROLLAND, C. A multi-method for defining the organizational change. *Information and Software Technology*, v. 45, n. 2, p. 61-82, 2003.

NURCAN, S. Analysis and design of co-operative work process a framework. *Information and Software Technology*, v. 40, n. 3, p. 143-156, 1998.

OLIVEIRA, S. B. Qualificando os processos de sua organização. In: VALLE, R.; OLIVEIRA, S. B. *Análise e modelagem de processos de negócio*. São Paulo: Atlas, 2009.

PÁDUA, S. I. D. *Investigação do processo de desenvolvimento de software a partir da modelagem organizacional, enfatizando regras do negócio*. 2001. 156 f. Dissertação (Mestrado) – Escola de Engenharia de São Carlos, Universidade de São Paulo, São Carlos, 2001.

PÁDUA, S. I. D.; CAZARINI, E. W.; INAMASU, R. Y. Modelagem organizacional: captura dos requisitos organizacionais no desenvolvimento de sistemas de informação, *Gestão & Produção*, v. 11, n. 2, p. 197-209, 2004.

PAIM, R. et al. *Gestão de processos*: pensar, agir e aprender. Porto Alegre: Bookman, 2009.

PAIM, R.; MANSUR, H.; CAULLIRAUX, R. C. Process management tasks: a conceptual and practical view. *Business Process Management Journal*, v. 14, n. 5, p. 694-723, 2008.

PALMBERG, K. Experiences of implementing process management: a multiple-case study. *Business Process Management Journal*, v. 16, n. 1, p. 93-113, 2010.

PARSONS, T. Sugestões para um tratado sociológico de teoria das organizações. In: ETZIONE, A. *Organizações complexas*. São Paulo: Atlas, 1976.

PERROW, C. B. *Análise organizacional*. São Paulo: Atlas, 1976.

PETTS, N. Building growth on core competences: a practical approach. *Long Range Planning*, v. 30, n. 4, p. 478, 1997.

PIDD, M. *Modelagem empresarial:* ferramentas para a tomada de decisão. Porto Alegre: Bookman, 1998.

PIRES, S. R. I.; MUSETTI, M. A. Logística integrada e gestão da cadeia de suprimentos. *Produtos e Serviços*, v. 312, p. 65-76, 2000.

PIZZA JR., W. Pontos críticos nas ciências das organizações. *Revista de Administração Pública*, v. 24, n. 3, p. 142-161, 1990.

POSTMAN, N. *Tecnopólio*: a rendição da cultura à tecnologia. São Paulo: Nobel, 1994.

PRAHALAD, C. K. Em busca do novo. *Revista HSM Management*, 1998.

PRAHALAD, C. K.; HAMEL, G. A Competência essencial da corporação. In: MONTGMERY, C.; PORTER. M. *Estratégia*: a busca da vantagem competitiva. 3. ed. Rio de Janeiro: Campus, 1998. p. 293-316.

PRESSMAN, R. S. *Software engineering:* practitioner's approach. 3th ed. England: McGraw- Hill, 1994.

RADHAKRISHNAN, A.; ZUB, X.; GROVERC, V. A processoriented perspective on differential business value creation by information technology: an empirical investigation. *International Journal of Management Science*, v. 36, n. 6, p. 1105-1125, 2008.

RAMOS, G. *Administração no contexto brasileiro*. Rio de Janeiro: FGV, 1983.

REIS, F. W. Três temas weberianos. *Cult*, v. 124, p. 51-54, 2008.

RENTES, A. F. et al. Uma abordagem de reengenharia de processos integrada a uma metodologia de integração da manufatura. In: CONGRESSO NACIONAL DE ENGENHARIA DE PRODUÇÃO, 15., 1995. São Carlos. *Anais ...* São Carlos: [s.n.], 1995. p. 1584-1588.

RENTES, A. F. *Proposta de uma metodologia de integração com utilização de conceitos de modelagem de empresas*. 1995. Tese (Doutorado) – Escola de Engenharia de São Carlos, Universidade de São Paulo, São Carlos, 1995.

ROBBINS, S. P. *Comportamento organizacional*. Rio de Janeiro: LTC, 1999.

ROBBINS, S.; COULTER, M. *A administração*. Rio de Janeiro: Prentice Hall, 1998.

ROLLAND, C.; NURCAN, S.; GROSZ, G. A decision making pattern for guiding the enterprise knowledge development process. *Information and Software*, v. 42, n. 5, 2000.

ROSCA, D. et al. A decision making methodology in support of business rules Lifecycle. In: INTERNATIONAL SYMPOSIUM ON REQUERIMENTS ENGINEERING, 1997. *Proceeding ...* [S.l.]: IEEE Computer Society, 1997. p. 236 -246.

ROTONDARO, R. G. Gerenciamento de processos. In: CONTADOR, J. C. (Coord.). *Gestão de operações*: a engenharia de produção a serviço da modernização da empresa. São Paulo: Edgar Blücher; Fundação Vanzolini, 1997.

ROZENFELD, H. Pra integrar a manufatura é importante o domínio dos business processes. *Máquinas e Metais*, v. 31, n. 369, p 32-47, 1996.

SCHERMERHORN JR., J. R. *Administração*. Rio de Janeiro: LTC, 1999.

SELZNICK, P. *A liderança na administração*. Rio de Janeiro: FGV, 1972.

SENNETT, R. *A cultura do novo capitalismo*. Rio de Janeiro: Record, 2005.

SILVERMAN, D. *The Theory of organisations*. London: Heinemann, 1974.

SLACK, N. et al. *Administração da produção*. São Paulo: Atlas, 1999.

SOUZA, F. M.; CASTRO, J. F. Modelagem organizacional: um estudo de caso no comercio. In: WORKSHOP DE ENGENHARIA DE REQUISITOS, 1., 1998, Maringá. *Anais...* Maringá: [s.n.], 1998.

STERGIOU, M.; JOHNSON, L. The importance of business rules in the organizational transformation process. In: INTERNATIONAL CONFERENCE ON INFORMATION SYSTEMS, ANALYSIS AND SYNTHESIS, 4., 1998. *Proceedings*... [S.l.: s.n.], 1998. p. 548-553.

STONER, J. A. F.; FREEMAN, R. E. *Administração*. Rio de Janeiro: LTC, 1999.

TAYLOR, F. W. *Princípios da Administração científica*. São Paulo: Atlas, 1979.

TERHAAG, O. et al. Final of esprit project motion (WP 1.2): core process, core competence, core product. Aachen: WZL, 1996. Work Package 1.2. Final Report.

TIGRE, P. B. *Gestão da inovação*: a economia da tecnologia no Brasil. Rio de Janeiro: Elsevier, 2006.

TORKKELI, M.; TUOMINEN, M. The contribution of technology selection to core competences. *International Journal of Production Economics*, v. 77, n. 3, p. 271-284, 2002.

TRAGTEMBERG, M. A administração é uma ideologia? *RAE*, v. 11, n. 4, p. 7-21, 1971.

VASCONCELLOS, E.; HEMSLEY, J. *Estrutura das organizações*: estruturas tradicionais, estruturas para inovação, estrutura matricial. São Paulo: Pioneira Thomson Learning, 2003.

VASCONCELOS, F. C. Racionalidade, autoridade e burocracia: as bases da definição de um tipo organizacional pós-burocrático. *RAP*, v. 38, n. 2, p. 199-220, 2004.

VERGARA, S. C.; VIEIRA, M. M. F. Sobre a dimensão tempo-espaço na análise organizacional. *RAC*, v. 9, n. 2, p. 103-119, 2005.

VERNADAT, F. B. *Enterprise modeling and integration:* principles and applications. New York; London: Chapman & Hall, 1996.

WEBER, M. *Teoria e sociedade*. Brasília: UNB, 1999.

WIGANG, R.; PICOT, A.; REICHWALD, R. *Information, organization and management*: expanding markets and corporate boundaries. Chichester: Wyley & Sons, 1997.

WILKINSON, I.; YOUNG, L. On cooperating firms, relations and networks. *Journal of Business Research*, n. 55, p. 123-132, 2002.

WILLIAMS, T. The purdue enterprise reference architecture and methodology (PERA). *Computers in industry*, v. 24, n. 2-3, p. 144-158, 1997.

WOODWARD, J. *Organização industrial*: teoria e prática. São Paulo: Atlas, 1977.

WYNN, M. T. et al. Business process verification: finally a reality. *Business Process Management Journal*, Bingley, v. 15, n. 1, p. 74-92, 2009.

YU, E. Modelling organizations for informations systems requirements engineering. In: INTERNATIONAL SYMPOSIUM ON REQUERIMENTS ENGINEERING, 1993, San Diego. *Proceedings*... Los Alamitos: IEEE Computer Society, 1993. p. 34-41.

ZANLORENCI, E. P.; BURNETT, R. C. Engenharia de requisitos (RE – requirements engineering): conceitos e fundamentos. *Batebyte*, n. 77, 1998.

ZARIFIAN, P. *Objectif competénce*. Paris: Liaisons socials, 1999.